論語入門

心の安らぎに

加地伸行

GENTOSHA

目次

論語入門 心の安らぎに

1 『論語』を深く読む

2 『論語』の急所

学びて時《つね》に之《これ》を習う。　学而時習之。

朋《とも》　遠方《えんぽう》自《よ》り来《き》たる有り。　有朋自遠方来。

入《い》りては則《すなわ》ち孝《こう》。入則孝。

3 『論語』で見ると違ってくる世界

4 ことばに見えてくる歴史

1

『論語』を深く読む

学校で学ぶことの中身

◆大切なところをつかむ

私たち日本人は、かつてアメリカ・イギリス等諸国と戦争をいたしました。その戦争を日本側は大東亜戦争、アメリカ側は太平洋戦争と呼びました。結果、日本は敗れました。その敗戦後、戦前の日本の教育をアメリカ軍によってほとんど全否定されました。そして、アメリカ軍の占領統治下に作られた戦後の教育制度に従って教育を受け、学んできました。それから七十五年も過ぎた今です。少し立ち止まって、本当の「学び」とは何なのかを考えてみましょう。

それをお話しするにあたって、私の昔話をしておきたいと思います。

私は昭和三十五年に大学を卒業し大学院へ進みました。しかし、収入はなく、生活ができませんので、私も含めて当時の大学院学生の七、八割と同じように定時制高校の教員をしました。定時制高校の大半は、実際には午後五時から九時までの四時間が授業時間です。

しかし、昼間働いている生徒たちは、夕方の五時には登校するものの、身体も頭も疲れ果てていて、予習や復習をする時間がほとんどありません。私は、疲れ果てた彼らにたくさんのことを詰めこんでも、十分に覚えられないまま時間を過ごしていることに気づきました。

そこで私は、勤務し始めて数か月後ころから、「課題のすべてを教えるのではなく、その授業時間内で、一つでも良いから理解できることを教える」ことにしたのです。

しかし、考えてみれば、これは、定時制の高校生だけではなく、すべての人に当てはまることではないでしょうか。そこで、その当時の生徒たちに教えたような気持ちで、これから『論語』についてお話ししてゆきたいと思います。

まず、『論語』の最初の文章、「学《まな》びて時《つね》に之《これ》を習《なら》う……」にある「学」という文字から始めましょう。


子《し》曰《いわ》く、学《まな》びて時《つね》に之《これ》を習《なら》う。亦説《またよろこ》（悦）ばしからずや。

朋《とも》遠方自《えんぽうよ》り来《き》たる有《あ》り。亦楽《またたの》しからずや。
人《ひと》知《し》らずして慍《いか》らず。亦君子《またくんし》ならずや。

子曰ク、学ビテ而時ニ習フレ之ヲ。不ヤ二亦説バシカラ一乎。
有リ下朋自リ二遠方一来タル上。不ヤ二亦楽シカラ一乎。
人不シテレ知ラ而不レ慍ラ。不ヤ二亦君子ナラ一乎。

【現代語訳】

老先生（孔子）は、晩年に心境をこう表された。〔たとい不遇なときであっても〕学ぶことを続け、〔いつでもそれが活用できるように〕常に復習する。そのようにして自分の身についているのは、なんと愉快ではないか。

突然、友人が遠い遠いところから〔私を忘れないで〕訪ねてきてくれた。懐《なつ》かしくて心が温かくなるではないか。世間に私の能力を見る目がないとしても、耐えて怒らない。それが教養人というものだ、と。

『論語のこころ』加地伸行著（講談社学術文庫）より。以下同じ。

『論語』の始めのことばですから、この句は有名で、『論語』についてほとんど縁がなかった方も、これだけは知っているはずです。この句は、「勉強することは楽しいじゃないか」ということを言っているのですが、さらに深い意味があります。

◆「学ぶ」は「真似る」

この「学ぶ」とは、どういう意味でしょうか。この質問に、ある若者は、「知らないことを知るということだ」と答えました。さらに中身を問いますと、「理解する」、さらに「真似《まね》をする」という返事も返ってきました。

そのとおりです。「学ぶ」には「真似をする」という意味があるのです。例えば、テレビで物まねをする芸人さんがいます。その芸人さんは、誰かが歌った歌を真似ています。自分の歌いかたをしたのでは物まねになりません。

というわけで、「学ぶ」ということは、まず「真似る」ことから始まります。「学ぶ」ということの最初の一歩は、「自分を出す」ことではないのです。自分は何も知らないことをわきまえ、まず、誰かの言っているすぐれたことばを学ぶ、すなわち真似をするわけです。

それでは、「学んだ（真似した）」結果、覚えてきたものを、私たちはどうしてきたのでしょうか。すべてずっと後まで確かに覚えているでしょうか。

そのようなことはありません。初めのころは覚えたことを残そうと努力したとしても、時が経《た》ち残らなかったものがたくさんあるはずです。これは、簡単に言えば「忘れる」ということです。毎日、新しいことを必死で覚えたにもかかわらず、人は多くのことを忘れます。忘れてゆきます。

例えば、小学校で学ぶ割合計算です。何パーセントか、という計算です。これは実生活においても必要なものであるにもかかわらず、ほかにたくさんのことを覚えさせられるために、中学に入ったころには、この割合計算ができない、わからなくなっている生徒が三割近くにもなるという話です。

そうなると、大問題が起きます。それは、割合計算ができない状態で、中学校の三年間を勉強しても、数学がまったくわからないことになるということです。これでは、そのまま高等学校に進学しても数学などわかるはずがありません。

すなわち、中・高の六年間、彼らは何もわからないまま、教室の椅子にただ座り続けるという苦痛を味わうことになります。

私は子どもの学力低下を非難しているのではありません。今の学校では多くのことを「覚える」ことに重きを置いていますが、それが正しいのかどうかを改めて考えてみる必要があるということを言いたいのです。

日本は知識偏重

◆小学校卒業で十分

それではなぜ、今のような学校の形が作られたのでしょうか。明治時代に始まった学校制度では、小学校は四年制で、その上に四年制の「高等小学校」がありました。もっとも、大半は高等小学校に進学しませんでした。そこで小学校を六年制にし、高等小学校を二年制にしたのですが、高等小学校に行く人はやはり少数でした。要するに、昔は小学校卒業後、社会で働くことが普通だったのです。しかし、六年間で最少限度の教育を受けていますから、彼らは困ることもありませんでした。

やがて、近代産業を興していく必要性から、人材養成の名目で高等小学校とは別のコースとして、四年、または五年制の中学校制度が作られました。

その（旧制の）中学校を卒業すると、旧制の高等学校へ行くか、専門学校へ行き、その上が大学という現在のシステムの前身を作りました。つまり、当時は、難しいことを教えて、新しい技術開発などに役立たせようとするシステムは、本当にごく少数の人間のためのものだったのです。

ところが、戦後の教育制度では、義務教育の小・中学においては基礎的な教育だけで十分なはずですのに、多数の新制の中学校で、少数だった旧制の中学校を真似て国数社理英という教養的なものを全部教えるようになりました。これが間違った流れを作ってしまったのです。

割合計算ができない子たちに、すなわちまだ準備体操もできていないまま、英語まですべての分野の高跳《たかとび》をさせようとしたのです。このような教養主義的な教育を、一般の者が理解できるはずがなく、第一、それをする意味はありません。

◆「知識の集積」はコンピューターが

この学校制度の変更により、できる限りたくさんの「知識」を覚えることが学校に通う目的になり、多くの子たちに無理をさせてきたのです。これが、現在に至る学校システムの真の姿です。

たしかに今までは、知識をたくさん持っている人間はエリートとされ、社会から求められてきました。しかしそれは、これからの時代では崩壊してゆくでしょう。

確認してみましょう。学校では「たくさんのことを覚えること」に重きを置いています。一番多く覚えた人がもっとも優秀な人間とされます。

しかし現代では、知識を蓄えてきた人間の仕事を、代わりにしてくれるものが発明されました。それはコンピューターです。コンピューターは、膨大な量の知識を際限なく溜めることができます。

今はインターネットが百科事典の代わりをしているのですから、そうなると「覚える」だけの知識で良いのか、ということになってきます。

もちろん知識があることはとても大切なことですが、それだけではなく、知った上で、「自分に何ができるのかと考えて行動すること」、それが今この時代に突きつけられているのです。

繰り返すようですが、「知識を集積する」という勉強の仕方は、コンピューターが代わりをしてくれるため、今の時代には合わないのです。コンピューターがより発展していくと、肉体労働や介護など、今、人間が働いている職業の多くはロボットに奪われる、という推測があります。それは、ある程度当たっていると思います。

そういう意味でも、「学ぶ」ということの本質は何なのか、人として自分に何ができるのかと問うことが、今の時代にこそ求められているのです。

知識そして道徳の実行

◆難民の受け入れ

これまで、「学ぶ」の意味として、「知る」「理解する」「真似る」「覚える」という意味が出てきましたが、「学ぶ」ということばにはまだその外の意味があります。

例えば「人に親切にする」ということを「知る」とします。これだけでも学んだことにはなりますが、親切も〈実行〉しなければ学んだ意味がありません。学んだことを実質化する、具体的に表現することが大事になります。

すなわち、知るという「知識」と実行するという「道徳」と、この二つは両方とも「学ぶ」ということばの中に入るということです。

人に親切にするということを、ただ知っただけで終わるのと、知った上で実際に行動に移すこととの間には、はっきりとした差があります。

例えば、海外からの難民を受け入れるかどうかという問題があります。日本でも

「一刻も早く難民を受け入れましょう」と主張する人がいます。

これは一見、いかにも親切を実行しているように見えます。しかし、それを言うためには、よほどの覚悟が要《い》ることを忘れてはいけません。

受け入れるべきだと言っておきながら、「どこかでやってください、政府が面倒を見てください」という話で終わらせるのは無責任です。難民を救えという主張をするならば、まずは自分のことば通り、自宅に彼らを受け入れる覚悟が必要です。

もちろん、ただ難民を受け入れると言っても、難民はまず日本語を知りません。そういう人たちがどのようにして日本社会で生きていけるのか。そういうことまで考えると、難民の受け入れというのはそう簡単なことではないのです。

あとで続かなくなるような現実味のないことを言うのは、無責任だと思います。可能な限り道徳的な生きかたを実行していこうと心掛ける姿勢が大切なのであって、道徳をことばだけ、知識だけ、理想だけで終わらせてはいけないのです。

知識として溜めるだけではなく、自分が実行してこその「学」です。これが「学」ということの本当の意味なのです。

◆人のための〈学〉

というわけで、これまで、「学」という漢字から知識、道徳、そして実行するということまで学びました。この「知識」と「道徳」と、この両方を学ぶということが大切だと説いたのが孔子という人物です。

知識はもちろん大事ですけれども、知識だけではダメですよ、ということです。孔子は、学ぶ人間において、「知識」だけを学ぶ人間と、「知識」と「道徳」との両方を学ぶ人間とは、まったく質が違うのだとはっきりと何度も説いています。

孔子は、一般の人のことを「民」と言いました。そして、民はそういうことを学ぶ必要はないのだと説きました。

というのは、孔子が生きていた時代の「民」とは、商業や工業などに従事する人は少なく、ほとんど全員が農民です。農民は、一生懸命働き、自分たち一族の畑が豊作で、家族・一族が平和に暮らすという日常を送り、自分や自分たちの幸せだけを考えれば、それで楽しく満足して生きていけたのです。現代の様子とはまったく別の形でした。

しかし世の中には、自分の幸せだけではなく、他者の幸せのために働きたいという人が存在します。

そういった人たちが選んだ道は、その当時としては、為政者《いせいしゃ》（政治家や官僚）になることでした。為政者は、自分の家族や一族を越えて、一般の人々の幸せを実現することが任務でしたからです。それだけに、この為政者になるには、知識だけでなく道徳も備えなければならないと、孔子は強く訴えていたのです。

すなわち、知識も道徳も備えた為政者になるために勉強しなさい、という願いで今日まで残されてきたものが『論語』です。『論語』は、「人のために何かをしよう」と志を持っている人間が読むべきものなのです。

◆古典を踏む

それでは、そのために何を学ぶのでしょうか。例えば、孔子が教えた課目の一つに「礼楽」があります。礼楽を学ぶときには、文章の書きかたも必要です。それは古典を読んで学びました。

当時の重要な古典に、『詩』（詩経）とか『書』（書経）とかという本があって、それと礼楽とをセットにして学んだのです。楽は、儀式のときに演奏され、その楽に合わせて礼式に基づく動作をし、身体を進退させていました。ですから「詩書礼楽」という熟語となっていました。

弟子は、まずそうした課題に取り組んで、それが十分できるようになったところで、各国の求人（政治家兼官僚）に対して孔子が弟子の推薦をするということでした。

大きな会合では、その儀式のとき人々はどんな順序で並ぶのかとか、席の座りかたとか歩きかた、あるいは応答のことばなどなど、重要なこと（礼）がたくさんあります。

特に、儀式においてはことばづかいが必須でしたから、書きかたを学ぶことはとても重要でした。それもただ書けばいいのではなく、書く文章の中に『詩』とか『書』とかなどの古典のことばをできるだけ多く踏んで書きます。

読む者もそれら古典を学んだ人々なので、それがどの書のどのことばを踏んでいるかがわかります。ですから間違えたりしたら大恥をかくことになったでしょう。

日本にも、『新古今和歌集』に本歌取りというのがありました。『万葉集』や『古今和歌集』の歌を踏んで書くことを言います。これは、中国古典を踏んで書く中国流の書きかたの日本版で、日本古代の貴族たちは、優《すぐ》れた自国の古歌を学習し、その引用をしつつ、和歌を作っていたのです。それは、決して古歌の盗みや物まねではなかったのです。

世界で読まれ続ける二大古典

◆知恵としての古典

古典と言いますと、なんだか古臭いもの、自分からは遠いところに在るもののように感じる人もいるでしょうが、実《じつ》は現代にこそ必要なものなのです。

例えば、今の世の中の若者を見ると、皆、疲れてしまっている感じです。この間、電車に乗ったときも、そういう人を見ました。

二十歳前後の若い女性でしたが、座って文庫本を読んでいます。本を読む人が少なくなった昨今、それはいいことなのですが、その女性は、左手に文庫本を持ち、右手で携帯のメールを打っているのです。

しかも、携帯音楽プレーヤーで音楽を聴いていました。つまり、三つのことを同時に行っていたのです。それだけではありません。膝の上に置いたお菓子をときどき食べながら先《さき》の三つのことを同時進行で続けていました。

「何と忙しいことか」と私は思いました。このように情報を求めすぎると、忙しすぎて疲れてしまうのではないでしょうか。

また、最近のマンションには畳がないところが増えています。つまり、寝転がるところがないのです。日本古来の畳に寝転がって、ゆっくりできるような空間が必要だと思うのですが、そういうものも日本人は忘れつつあります。こういう些細《ささい》なことも、疲れを作っている原因だろうと私は思っています。

では、その疲れを癒《いや》すためには、どうしたらいいでしょうか。いろいろな方策が考えられますが、その一つに、人間が昔から作ってきた知恵をふり返ることがあるのではないでしょうか。

昔の人たちが作ってきた知恵は無数にあります。私が子どものとき、近所に住んでいた老人は、いろいろなことを教えてくれました。

昔はこうした知恵を皆が学び、普通に身につけていました。ところが今は、こうした昔からの知恵を実践する人も少なくなりました。教える人がいなくなり、しだいに昔からの知恵が忘れられていってしまいました。とても残念なことです。

例えば、渋柿を甘柿にする方法とか、天気の予報をするとか、風邪の対処法などなど、昔の人々が持っていた知恵を、組織的に学ぶ最《もっと》も良い方法が「古典」学習です。

昔はたくさんの書物がありました。その内、面白くないものはしぜんと消えてゆきます。皆が読んで読み応えのあるもの、そして読めばそれが自分たちの知恵となるものだけが今日に残っているのです。それが古典です。

◈世界の二大古典

こうして残ってきた多くの古典の中で、これからも世界で読み継がれていくであろうと私が思うものは二つあります。一つは、中国、朝鮮半島、日本、ベトナムの北部、台湾も含めた東北アジアの地域にある一冊、もう一つは、欧米にある一冊です。

東北アジアにおける一冊は『論語』です。欧米地域における一冊は、言うまでもなく『新約聖書』です。やはり、この二冊はこれからも、古典としての生命を保っていくことでしょう。

イスラム教における『コーラン』もありますが、欧米地域という意味では『新約聖書』が残ると考えています。私の個人的な意見としては、『論語』と『新約聖書』との二冊を挙げたいと思います。

もちろんこの他にも立派な古典はたくさんあります。ただ、読者の範囲が限られていることが多いのです。その点で言えば、『論語』は、東北アジア地域において、勉学を志した人間ならば必ず読んだ本でした。この中には、さまざまな知恵が詰まっています。

この『論語』の世界と『新約聖書』の世界とでは、共通する部分はあっても、やはり違います。後述するように、考えかたが違うからでしょう。私たちは東北アジアの人間ですから、やはり『論語』のほうがなじみやすいと思います。

解釈できた上での素読

◆「素読」は解釈を含む

『論語』のような古典に触れるとき、その接しかたの中心となるのは、読む、それも声に出すことです。

これを「素読」といいますが、これは、実はなかなか難しいのです。「素（もと）のままの通りに読む」というのが素読の意味ですが、実はただ並べてある漢字をそのまま音声として読むだけではありません。

素読ができるようになるために、江戸時代でしたら、まず平仮名から覚えさせます。「い、ろ、は、に、ほ、へ、と、ち、り、ぬ、る、を」と一つずつばらばらに読んで教えます。そしてそれぞれを書けるようになりましたら、先生が一挙に「色は匂へど散りぬるを」と読んで全体の意味を教えます。

すると、それまでは単に「い、ろ、は……」と字面を読んでいた子たちが、それを意味のあることばとして学習します。次いで同じようにして「我が世誰ぞ常ならむ。有為《うい》の奥山《おくやま》今日越えて浅き夢見じ酔《え》ひもせず」まで学習して、文字と一首の歌とを同時に理解させていたのです。ただ声に出すだけではありません。

漢字も易しいものから順番に教えます。一、二、三という字から教えていくのです。漢字を覚えていき、さらにその漢字を組み合わせて書物を読むようになります。

そうした勉強をした上で、素読をするのです。すなわち素読は、単に音を出しているだけではなくて、同時に内容も理解しつつ読んでいたのです。

◆「孔子」を「アナツ」と読んだ

江戸時代には素読吟味《ぎんみ》という試験がありましたが、試《ため》されるのは、解釈です。有名な例を挙げましょう。江戸時代、お茶の水に昌平黌《しょうへいこう》という学校がありました。後には江戸幕府の学問所になりました。そこへ全国から留学生が集まり、在学数年後、素読吟味という卒業試験を受けました。これは漢籍（漢文で書かれた書物）を学生に与え、学生が無作為《むさくい》にぱっと開いた個所を漢文読み（訓読）させる試験です。すなわち、その文の意味がわからないと読めませんので、高い水準の試験でした。

そのように漢文を読む、読めるには、素読が基本なのです。

先ほどご紹介した『論語』の第一章の「子曰、学而時習之」という有名な文は、「子《し》曰《いわ》く、学《まな》びて時《つね》に之《これ》を習《なら》う」と先生が読み、その後、子どもたちが続いて、「子曰く、学びて時に之を習う」と復唱すると思いがちです。

しかし、現実はそうではなかったようです。江戸時代の人たちの素読の内容を見ると、そこには解釈が入っています。例えば「子《し》曰《いわ》く」とは読んでいなかったのです。

まず、「子」を「アナツ」と読ませていました。この「子」は孔子《こうし》のことです。そこで、それを「コウ」と読ませたいのですが、「コウ」と読む字は、「孔」の他に「孝」や「高」などたくさんあります。それと区別するために、「孔」という字自体は「穴《あな》」という意味ですので、孔子の孔を「アナ」と読みました。

そして、「子」を「シ」と聞いてもなんのことかわからないので、「子」の中国語読みの「ツ」とし、「アナツ」と読んで、孔子を連想させたのです。そして「曰く」は、「イワク」と読むだけでは「言った」というだけで敬語表現を使っていません。そこで、孔子を尊敬して読むべきだという考えかたから、「イワク」（言った）ではなく、敬語表現で「ノタマワク」（おっしゃった）と読むようになりました。

また、「時」は、「トキに」と読まず、「ツネに」と読んでいました。それはそうです。「学ぶ」、その「学びかた」を「トキに学ぶ」と読みましたら、「たまに」とか、「まあ、ときどき」と、ひまな折に読みましょうかという話に聞こえてしまいます。朱子という天才は、『論語』に対して作った自分の注に、「重ねて習う」とか「時として習わざるなし」という別人の解釈をきちんと引いています。この「時《つね》に」につきましては、44ページで詳しく説明いたします。

このように、素読をする場合には、内容の解釈も同時にしているのです。これが素読の本当のありかたなのです。「子《あなつ》 曰《のたまわ》く、学《まな》びて時《つね》に之《これ》を習《なら》う」と読みつつ、同時に意味や内容をつかんでいたのです。ただし、孔子がどういう考えの人であったかという理解がないと、このことばの深い意味がわかりにくいのです。すなわち、ただ単に、一生懸命勉強しなさいというだけの意味になってしまいます。

孔子の一生とは

◆不遇の人・孔子

孔子という人の一生は、五十代の数年を除き、大変不遇でした。人に認められなかったのです。彼はもがき苦しんでいました。孔子は七十四歳（数え年）で亡くなりますが、その生涯において、表舞台に出て華やかだった時代は、たった三年間くらいしかありません。後は全部不遇の一生だったのです。

彼は、認めてほしいと言い続け、活躍の場を求め続けた人なのです。それだけを聞くと、なにか浅ましい印象を受けるかもしれませんが、これには理由があります。彼の一生の目的は、他人を幸せにするために、私の言い分を聞いてくれということでした。そのことで、もがき続けましたけれども、結局、世に認められなかったのです。

人間は、自分が認められないと腹を立てます。中には腹を立てて、酒を飲んだくれる人もいます。しかし酒を飲んだくれて、酔っ払っていたのでは、ますます誰も相手にしてくれなくなります。

今は認められなくとも、いつか自分を認めてくれる人がもし現れたとき、そのときにすぐ活躍できるように、常に自分で自分を鍛えて、準備をしていなければなりません。孔子は、「人は来なくても、いつか声がかかったときのために、自分は勉強して準備しているのだ」と言っているのです。これが、この「学びて時に之を習う」という文章の背景にある思いなのです。

孔子は、「自分が今どうあるべきか」を語っているのです。それは『論語』の最初のことばですが、そこですでに、この書全体を貫《つらぬ》く姿勢について触れています。そういう意味で、『論語』は世に認められない人間の物語でもあるのです。

◆孤独な孔子の喜び

たとい孔子とはいえ、その日々は寂しかったと思います。毎日一生懸命勉強しても、誰も認めてくれないのですから、こんなつらいことはなかったはずです。時には、何のために勉学しているのかと疑いを持つこともあったことでしょう。

ところが、そういう思いであった或《あ》る日、トントンと戸をたたいて、誰か人が訪れて来ました。誰かなと思って戸を開けてみると、思いもかけず、遠いところに住んでいる昔の友人が突然訪れてきていたのです。おう、お前か。「朋《とも》 遠方《えんぽう》自《よ》り来《き》たる有《あ》り」。こんな嬉しいことはありません。この一文は、孤独に耐えている孔子にとって、喜びの声でした。

そこで孔子は、「人が自分を認めてくれないからと言って腹を立てることはない。それよりも、自分より優れている人がいることを自分が知らないことこそ恥ではないか」と反省するのです。

他人が自分を認めてくれないからといって恨みはしないという「人《ひと》 知《し》らずして慍《いか》らず」ということばがあって、『論語』のこの冒頭のことばは終わっているのです。

このように、『論語』を読むとき、孔子という人の思いが存在していることを知って読むのと、それを知らずに読むのとでは、自ずから意味が変わってきます。

我々が『論語』を読むとき、ただ単に『論語』のことばの表面を読むだけではなく、中心人物の孔子という人が、どういう一生を送ったのかということに目を向けてください。そこに、古典を読む面白さがあるのです。実感が生まれてくるのです。

私は孔子の伝記につきまして、詳しく書きました。それも、偉人孔子伝ではなく、人間孔子というリアリズムタッチで書きました。『孔子』（角川ソフィア文庫）がそれです。この本は、因《ちな》みに、白川静先生の『孔子伝』と並んで宮城谷《みやぎたに》昌光氏の大作小説『孔丘』（文藝春秋。孔丘は孔子の本名）執筆時の中心参考書と紹介されています。

農民の孔子が大夫《たいふ》に

◈儒集団

孔子が指導者として活躍したのは三年ほどと短い間でした。しかし、たとい三年であっても、古代の当時の制度から見て、農民という一般的な身分から、為政者という高い地位に就《つ》けたのはなぜでしょうか。

その理由は孔子の母親の存在にあります。孔子の母親は、人々の生活におけるさまざまな儀式を執り行う役目を担う〈儒〉という宗教集団の一員でした。

例えば、階段を上《あが》る場合には、上りかたや足の運《はこ》びに決まりがありました。お供えをする場合にも、どういうときに杯をどこへ置くのかなど詳《くわ》しい決まりがあります。

そうすると、そういった儀式の決まりを記録しておかなければなりません。記録は当然、文字――中国では漢字で書きます。すなわち、儒という集団は文字を知っていたのです。当時、それは強力な武器でした。

為政者になるための条件の一つは、文字を知っているということでした。母親が儒だったことから、孔子は、幼いときから、文字を覚えていったようです。また、〈儒〉が担当する礼儀作法もしぜんと覚えたようです。孔子の武器は文字を知っていたことと、礼儀の基本を身につけていたことだったのです。

◆弟子を育てた孔子

孔子は若いときから、『詩』(詩経)や『書』(書経)など、中国の古典を勉強していました。当時は『詩』とか『書』とかの古典を、教養として身につけていないと、例えば外交官などにはなれないのです。なぜなら、外交官として外国へ行きましたとき、古典のことばを踏んだ文章の読み書きができませんと相手にされなかったのです。孔子は、儒である母親の下で、知識人となる基本的なものは学んでいたのです。

この古典や礼法を教える塾(学校)を開くことで学生が集まってきて、いわゆる学校経営を行い、それによって生活ができました。

初めは弟子も少数でしたが、孔子の名前を慕っていろいろな人が集まってきて、やがて一つの大きな集団となります。当時、文化を柱として一つの集団になると、これは政治的勢力にもなりました。

孔子の塾は、行政官僚養成学校のようなものでしたから、孔子が推薦状を与えた人は、各地の役人として次々と採用されていきました。今日流にいうと、孔子は官僚養成学校の校長のような存在だったのです。

そうすると、卓越した孔子を学校ごと引きこんで政治改革をしようというグループも生まれてきます。こういう形で彼は世に知られていったのです。

孔子はもともと、身分が低かったのですが、母親から学んだ知識を柱にして、最終的には役人として最高級身分である大夫《たいふ》という地位にまで上がります。当時、一般の庶民から順番に上がっていって大夫になることは大変なことでした。

中国は、身分制社会とされていますが、古代中国では、能力があれば身分を越えて抜擢されることがあったのです。

2

『論語』の急所

学びて時《つね》に之《これ》を習う。

学而時習之。

「ときに」ではなく「つねに」

◆「習」は練習をする姿

改めて『論語』学而篇の最初のことば、「学而時習之」（学びて時《つね》に之《これ》を習う）を見直しましょう。「学ぶ」の意味は、前章で詳《くわ》しく触れましたから、まず「習う」というところからお話しすることにしましょう。「習」という文字の上半分は「羽」です。そしてもともと、「羽」の下の文字は、「白」ではなく「鳥」でした。鳥の上に羽がついていたのです。つまり鳥が羽をバタバタさせている姿を表した文字でした。

鳥は、羽をバタバタさせて何をしていたのでしょうか。飛ぶ練習をしていたのです。要するに、羽をバタバタさせて飛ぶ練習をしている姿を表していたのです。

しかし、しだいに「鳥」の下部分がカットされ「習」になっていきました。形が削られたのです。習うというのは、何度も物まねをして飛ぶ練習をして飛べるようになる、ということです。それはそうです、習うというのは一回や二回ではないということです。何度も何度も羽を上下に動かして、飛ぶための訓練をするのです。

「習慣」の「習」なども同じで、何度も真似《まね》をして習得するということ、一回ではなく、何度も何度もしてそれが身につくという、そういう意味なのです。

というわけで、この文の中心にあるのは、よく学べ、よく習えということになるということを押さえた上で、「時」という字に進みたいと思います。

もしこれに、「に」がつけてあれば、誰もが「時に（ときに）」と読みます。しかし、「ときに習う」と読むと、おかしなことになります。なぜならば、「ときに」の意味は、ふつうの日本語では「ときどき」「時たま」だからです。

◆繰り返し学ぶのは「つねに」

「学」にも「習」にも、真似をして繰り返し学べという意味があるのに、「ときどき習えばいい」というような意味に聞《き》こえてしまうのです。ですから私は、これを「つねに」と読むことにしました。そうすれば、矛盾が生じないからです。本書の52ページにも、そのことを説明していますので、お読みください。

この「時」という文字に合った「常に」という意味は、その後もずっと中国におい て受け継がれてゆき、現代に至っております。その良い例は現代中国語における「時常」という熟語です。これは、「時」字の中にある「常」の意味をはっきりと表した熟語です。すなわち「時」も「常」も同じ意味ですよということを示して「時常」ということばができたのです。こういう熟語を「連文《れんぶん》」(出ている漢字はすべて同じ意味ということを表します)と言います。他《ほか》の例を挙げましょう。「図画・親戚・山岳」。「時常」は、現代中国語で「シーチャン」と読み、「常に」ということです。同じく「ヨウシー」と読む「有時」は、文字通り「時有り」ということです。つまり、「ずっと常に」と「有る」の二つの流れが同じ字の中にあるということです。ですから、私は「時常」の流れから、この「時」を「ときに」と読まず、「つねに」と読んでいます。私が訳注した『論語』では、「つねに」と読みがなを振っています。

実は、江戸時代に出された『論語』の翻訳書では、わかり切っている文字にはルビは振ってません。漢文で書かれた原文に、読み順を示す番号すなわち返り点を置いて理解しやすいようにしているだけです。この場合もそうなっていますが、おそらく、江戸時代の人々は「つねに」と読んでいたのでしょう。

ところが、明治以後の人が、文字通り「ときに」と読み始めたのでしょう。『論語』を読んで、つまずいてしまう人がいる原因はこういうところにもあるのです。

因《ちな》みに、「時固」という古いことばがあります（『呂氏春秋』首時）。この「固」に対して「常なり」と解釈されています（『広韻』暮韻）。時代がずっと下って元時代には「時常」という語が出てきます（無名氏『独角牛』第一折）。

反語の繰り返しは覚えやすいため

◆昔は「暗唱」中心

繰り返しますが、「学而時習之」は、「之」に返り点（レ）をつけて「学びて時に（つねに）之（これ）を習う」と読みます。「之（これ）」は「習」の形式目的語です。そうすると、「学習」という熟語ができます。これは、ごく当たり前の熟語です。そして、「折にふれ復習する」ことではなく、こういう「つねに勉強する」という意味として、もう一つ生まれたのが、「時習」です。

これは『論語』の最初の部分です。『論語』は全部で五百十章ほどありますので、最後まで読み通すことはなかなか難《むつか》しいですが、この書物が生まれた当時は、第一篇とか第二篇とかという篇による分類はありませんでした。ただ文字が並んでいるだけだったのです。

後の人が勝手にこちらが第一篇とか第二篇とかと分けているだけで、孔子のころの人にはそんな意識はありません。なぜでしょうか？　理由ははっきりしています。

実《じつ》は、我々が、「本を読む」ということばを使い始めたのは、誰もが本を気軽に手に入れることができるようになってからのことです。

日本では、江戸時代の人は、藩校や寺子屋へ行って暗唱していたのです。先生が読んだことを、覚えるのです。覚えたものをお互いに口にしていって、記録しました。

『論語』もそうで、弟子たちが覚えていきました。

覚えたものを、或《あ》るときに整理してまとめたものの内の数種がよく読まれて伝わり、しだいに一つにまとまってゆきました。それが今の『論語』です。ですから系統によっては、同じ箇所でも、文字が違っている場合もあります。

例えば、『論語』の中に、「易（えき）」という文字が出てきます。ですから、それを取りあげて、「易について孔子が語った」とする説があります。

ところが、同じ『論語』でも系統の違うものの場合、その個所が「……もまた」という意味の「亦（えき）」になっています。文字で書いたのではなくて、学生たちが聞いて覚えて、後に記録したからです。

現代中国語でも、「易」も「亦」も「イー」という同じ発音です。そこで「孔子は『えき』と発音することばに対して、どちらの漢字だったのか」という大論争になっていきます。その根源にある問題点は、暗唱でした。

ですから、暗唱というものが、後にテキストに与えた影響は大きいのです。昔の人は、正確な記録は困難だったのですが、暗唱をしっかり行っていました。

◈わざと反語の連続に

昔の人の学びがまずは暗唱だったことを心得て、『論語』を読み進めていくと、面白いことに気づきます。

例えば、「学而時習之」の次に来るのが「不亦説」ですが、これは「亦説」を先に読むと「またよろこばし」となります。しかし、それをまず否定の形（……でない）にしてから、さらに反語（……だろうか）にしています。その結果、「そういうものではないだろうか」という強い調子になっているのです。

なぜ、「こうなのではなかろうか、いやこうだ」と反語の形を使っているのでしょうか。現代人であれば、嬉しいのであれば、嬉しいと言えばいい、なぜ、〈嬉しくないだろうということはない〉というような、回りくどい言いかたをするのかと考えることでしょう。

これは実は、ことばの言い表しかたであって、意味を強めるときには、反語にしたほうがいいのです。例えば、「こういうことはできないだろうか」という疑問文の場合、「いやできる」という意味の気持ちがこもります。

このように、強める場合の文体を考えると、反語を使うことが多く、この文章でも、反語の言いかたが三回も出てきます。

三回も反語の表示が出てくるということは、孔子が強調して言っているということです。話すほうも、相手が覚えやすいように話すのです。

孔子が塾で講義をするとき、出席した学生のほとんどが黙って聞いているので、覚えやすいように、反語にしたり対句《ついく》にしたりするという工夫をしました。おそらく、記憶しやすいようにという孔子の工夫でしょう。

「時に」が「つねに」であるわけ

◆「つねに」と読む

この「学びて時《つね》に之《これ》を習う。亦説《またよろこ》ばしからずや」ということばには、「学」「時」「習」と、重要な文字が三つあります。中でも最《もっと》も重要なのは「時」です。これを中心とすると、孔子が何を言いたかったのかがよくわかります。

孔子は、勉強することは当たり前であると考えていました。弟子たちに対しても、そういう考えかたで接していたことでしょう。ですから、孔子が最も言いたかったことは「時（つね）に」です。なぜでしょうか？

前にも述べましたように、孔子は不遇な人でした。その認められない生活の中で、彼は潰れずに弟子を育て上げ、自分を磨いていきました。これが冒頭の文の、一番大事なところです。

例えば、本を読まない日が、一日、二日続いて、三日目になると、読まないことが当たり前になってしまいます。不思議なものです。一日目読まなかった、ああ、悪かったなあと思って二日目に読み直すと元に戻《もど》るのですが、二日読まずに三日目も読まないと、もうどうでもよくなってしまいます。

そうなると、次はもう読まなくなっていきます。恐ろしいことに、人間というのは、読まないでいると、その読まないことが習慣化されてしまうのです。

◆手がしぜんと動く

もう一つ、〈書く〉ということにも同じことが言えます。書くという行為には、作文を書く、日記を書く、手紙を書くなどいろいろあります。これも毎日書いていないと、書けなくなってしまいます。

不思議なことに、どんなに簡単な文章でも、書いてさえおればそれが習慣となって、上手に書けるようになります。しかし、書かないでいると、簡単な文章さえ書けなくなってしまいます。

ですから、何でもいいからまずは書くことです。他人の悪口でもいいので、書くことを習慣にすることが大切です。書けなくなったが最後、書かねばならない場面に出会ったとき、書こうと思っても書けなくなってしまっています。

書きなれない人は、書くことは高等なもので、才能がなければできないものと思いこんでいるのかもしれません。しかし、車の運転や自転車に乗ることと同じく、久しぶりに車を運転したり自転車に乗ったりすると、なんだか怖いような気がするものです。しかし、乗って少し時間が経《た》ち、慣れれば何でもなく運転ができるようになって、少しも怖くなくなります。

文章も同じであって、まずは技術的なことですから、書かないでいると調子が悪くなります。調子が悪いと流れも悪くなります。自転車に毎日乗るように、毎日書いておれば、その流れは止まらず、滑《なめ》らかに流れます。ですから、毎日書くことによって慣れを続け、流れをせき止めないようにすることが大切です。

知識より動作で覚える

◆「礼」をまず学ぶ

孔子は学生たちを相手に講義をするとき、わかりやすいことに重きを置いていたと思います。教材もノートもない講義です。耳からことばが入ってくるだけですから、難しいことを言っても理解できないからです。

さらに言えば、ことばだけではなく、公的な場面での行動の仕方というような、実際の動作を教えることもたくさんあったのではないでしょうか。

例えば「礼」です。この「礼」というのは実際の動作です。孔子は、学生に対して「礼」をしっかりと身につけさせました。なぜならば、孔子の塾（学校）は、若い学生たちの就職のための学校だったからです。

孔子の晩年のころには、全国から学生が集ってきました。卒業のときに、孔子が推薦状を書き、卒業生は、この推薦状を持って各国の官僚（実は同時に政治家）になりました。

ですから、学生たちは入塾して一生懸命に勉強をするために、遠くからでも訪れてきたのです。その勉強の中でも、文字を覚えること、古典を学ぶこと、そして「礼」を身につけることがとても大切でした。

中国社会は、「礼」の世界です。古代の共同体の中で共に暮らすためには、同じような習慣を持たなければなりません。その習慣化したものが「礼」でした。したがって、「礼」をきちんと学んでいないと社会に通用せず恥をかくことになったのです。

「礼」を学ぶにあたって、まず教えられる動作はお辞儀です。私に言わせれば、現代の若者のお辞儀の仕方では、古代中国の官僚試験には受かりません。

ほとんどの人が首を曲げてお辞儀をしているからです。これは間違いです。首を曲げてのお辞儀は、死んだときの姿勢です。テレビドラマを観ればわかると思いますが、死んだという演出はどれも首をがくっと曲げています。

ですから、相手に向かって、首を曲げるということは、「死んでお詫びをします」という詫びる場合の姿勢を示しています。

友人同士で「おはようございます、こんにちは」と言うとき、首を折ってのお詫びの姿勢でお辞儀をするのは誤まりなのです。こういうときには、首を曲げずにきちんと立ててお辞儀をすることです。

◆「拱手」の礼

お辞儀の仕方にはいろいろあって、相手が偉い人の場合、頭を深く下げます。しかし、首筋を伸ばして上半身を倒してゆくと、バランスを崩して前へ倒れそうになります。それを防ぐために、両手を組んで前に伸ばす「礼」が生まれました。組んだ両手が、前倒しのときのブレーキの役割を果たしているわけです。

この動作を「拱手《きょうしゅ》」といいます。倒せば倒すほど、敬意を表すことになり、それを「最敬礼」といいます。相手が偉ければ偉いほど、「拱手」が必要です。中国のドラマを観ていると、この姿勢がよく出てきます。そのお辞儀の仕方の意味は敬意の表現にあります。

拱手では両手を重ねますが、男性は右手を上、女性は左手を上にしてさらに左横の脇腹《わきばら》に少し引くのが正式の動作です。その背景には、女性はそれほど長く、頭を下げる場面がなかったことがあるのでしょう。男性は「拱手」をすれば、きちんとした挨拶ということになったのです。

このように「礼」は、共同で生活するときのためにできたものです。それを決まった形式として表して、お互いそうすると決めておけば、その意味をお互いに理解することができるからです。

また、相手と喧嘩していないということを表現するとき、姿勢できちんとした「礼」を示すことができればよかったのでした。

日本では、例えばデパートの女性店員が、似たような挨拶をしています。拱手ですと、両手を前に突きだすことになりますので、控《ひか》えて、両手で自分のおなかを押さえる形にしています。日本風に調整した形と言えそうです。

礼を守る

◆歩きかたの作法

前項で、一対一の関係の「礼」について説明しました。では、儀式の場合にはどうすればいいのでしょうか。

例えば、相手に向かって歩いていくときです。向こうに誰かがいて、その人に向かって歩いて行かなければなりません。そのとき、大股《おおまた》で歩いたならば、相手はどういう気持ちになるでしょうか。

おそらく、ずかずかと歩いてくる姿を見て、無遠慮だなという印象を受けるでしょう。俺《おれ》に対して敬意を払っていない失礼な奴だと思われてしまいます。

また、儀式に参加するために集まってきた人々も、自分の前をすたすたと歩いていく人の姿を見て、その人をどう思うでしょうか。自分が軽んじられていると思うにちがいありません。

ですから、相手や周囲の人々、特に、相手が目上の人だった場合ならば、大股ではなくて、小股《こまた》で歩かなければいけません。

敬意を表す小股歩きは、足と足との間をあけないことです。左右の足を運《はこ》ぶときに、間をあければあけるほど、大股になってしまい、敬意がないことになるからです。

◆一族の中で「礼」を学ぶ

つまり、正しい歩きかたは、小股で足と足との間をあけないことなのです。ただし、そういう歩きかたをしますと、ゆっくりとなりますから、時間がかかります。

しかし、それで最高敬意を表すことになりますから、目上の人に対するときには、そのように歩きます。それが正式な歩きかたなのです。

昔、卒業式などで、卒業生の代表者が校長の前に進むときは、そういう歩きかたをしました。今はどのようにしているかわかりませんが、本来はこういう「礼」形式のものがずっと生きていたのです。

こうした儀礼的な「礼」が、なぜ長い間守られ続けてきたのでしょうか。それは、

「礼」を守っていると、恥をかかないので楽だったからです。こういう風に歩けばよろしい、こうすればよろしいということを知っていれば、どんな場面に直面しましても、対応できるのです。

長い生活の中で覚えてゆくものですから、一族の間で行われるいろいろな儀式に参列して、しぜんに覚えてできるようになります。「拱手」にしても、首を真っすぐにするというのも簡単なことです。それさえ守ればいいわけで、覚えてしまえば楽なものです。

ちょっと古い時代の日本映画を観ると、日本の軍人が上官に向かって敬礼をするとき、首を絶対に曲げていません。軍で厳しく教えられたからでしょう。今日でも、警官や自衛官の礼には、それが生き続けています。

階段の昇り降りのときは、こうです。まず左足を挙げて一段上《あが》ります。次は、右足を挙げて、先に出した左足とそろえます。その次は、まず右足で上り、次に左足を挙げて右足にそろえます。これを「聚足《しゅうそく》」と言って、階段の昇り降りのときの作法となっています。ズカズカと片足ずつで昇降するのは不作法なのです。

例えば、神社において、神主《かんぬし》が本殿《ほんでん》の階段を上下するとき、この作法をきちんと守っていますので、注意して見てください。

因《ちな》みに、神社関係はもちろん、仏教関係におきましても、その神官や僧侶の作法・礼式には、儒教の「礼」や作法の影響が非常に大きいと思います。

礼楽はリーダーの心得

◆軍を動かす太鼓と鐘と

「礼」という〈正しい行為〉を学ぶことは、学習の重要な柱でした。そして、より正確に身につけるために、実際に動作をしながら学んでゆきました。

さらに必要だったのが「楽（音楽）」でした。ずっと後には、音楽は娯楽となりましたが、古代ではそうではありませんでした。お祀《まつ》りしている神々や先祖等に対する敬意や捧《ささ》げものとしての音楽であり、また式典において一斉に「ここでは礼をします」「ここでは座ります」というときに、合図として音楽を演奏したのです。

その演奏のことを「音楽」とは言わず、「礼楽」と言いました。これは、「礼」とともにある演奏であり、だから「礼楽」（礼と楽と）となり、現在の演芸や音楽会のときのような、楽しむための演奏ではなかったのです。

また、楽は、礼のためだけではなく、多人数が一斉に行動する場合にも使われています。

戦国時代を舞台にしたドラマなどでも、気をつけて観ていると面白いと思います。敵と戦うには、一斉に討ちかかることが必要なので、一斉行動を促す合図として、音楽が非常に重要な役割を果たしていたことがわかります。

例えば、「前進」さらには「突撃！」「進め！」というときには、太鼓で合図をする決まりごとがありました。しかし退却しなければならなくなることもあります。そのとき、声をからして「全軍引け！」と言っても、その声は末端まで届きません。その時は、太鼓とは違う手段、鐘を打って合図をします。すなわち、突撃は太鼓、退却は鐘という規定です。そう決めてありますので、みなが一斉に同じ行動をすることができます。

「進め」は太鼓、「引け」は鐘と決まっているのはなぜなのか。それは、その響きの違いにあるようです。太鼓はドーンと響いて続く感じから、「続け」というイメージがあり、鐘はカン、カン、カンと一音ずつ止まる感じから、「引け」に相応《ふさわ》しいということでしょう。

◈儀式により異なる礼楽

礼楽は、大集団になればなるほど規則も多く複雑になっていきますので、実際に学ばなければできるようにはなりません。

孔子の門を叩いた人々が、これを熱心に学ぶのは、将来、孔子から推薦状をいただいて就職したあと、あらゆる分野で指揮官になるからです。その場合に礼・楽を知っていなければ全然相手にしてもらえません。

それで一生懸命学習したのです。つまり、礼楽は、全体の指揮をとるときや、大きな儀式に参列するときに、心得ていなければならない必須の教養だったのです。

お葬式、結婚式などなど、さまざまな儀式において、どういう礼楽を用いるかが違っていました。それも高級官僚の場合、中級の場合、庶民の場合と、皆礼の仕方が違っていましたから、そのすべてを心得ていなければならなかったのです。

ですから、孔子の学校では礼をしっかりと教えました。「礼」は当然、音楽演奏もします。礼だけをするのではなく、音楽演奏で次はどうするかがわかることが重要だったのです。

今の音楽とはちょっと違って、礼を行うときに演奏をする「楽」ということで、セットになっています。儀式の進行のとき、楽の演奏の中で礼を行って、そしてその順序の或《あ》る段階で祝詞《のりと》のような、荘重なことばを述べるのです。そういうマナーとしての礼楽を学習したのです。娯楽としての礼楽ではありませんでした。

古代の共同体社会においては、マナーを心得ていることは、非常に重要でした。ですから、幼いときから学びつつ、正式には孔子の学校のようなところへ行き、読書などとともに本格的に学んだのです。

朋《とも》遠方《えんぽう》自《よ》り来《き》たる有り。

有リ下朋自リ二遠方一来タル上。

朋についての解釈

◆「有」の見方で分かれる解釈

『論語』の第一節について、述べてきました。「学びて時《つね》に之《これ》を習う」と、ずいぶん長々とお話ししました。では、その次の文に入ることにしましょう。「有朋自遠方来」（朋《とも》遠方《えんぽう》自《よ》り来《き》たる有《あ》り）です。

これは、遠くから友が訪ねてきてくれたことの喜びがどれほど大きなものであったかという気持ちのあふれた一節です。

実は、この句には三つの解釈があります。

まずは「有」ということばです。この「有るぞ」ということを表すことばがあることはとても不自然です。「有」などとわざわざ言う必要はないからです。「有」を書かずに「朋自遠方来」（朋 遠方自り来たる）と書いても意味はほとんど同じで十分伝わります。

では、「友だちが遠くからやってきた」と言うために、なぜわざわざ「有」をつけるのでしょうか。それは、遠くから友だちが訪ねてきてくれたという事実を強めているのです。それだけ喜びが大きかったということなのでしょう。

例えば、「山」という文字があります。誰もが、「山」の文字を見ただけで、山の姿を思い浮かべます。しかし、もし「有山」と書いたらどうでしょう。これは「山が有るぞ」ということであり、山の存在感を強めているのです。

それでは、何を強めようとしたのでしょうか。これには、三つの解釈があります。

◆一番目の解釈

まず一番目の解釈は、「有」が「朋自遠方来」全部にかかっていると考えるものです。「友だち（朋）が遠くからやってきた」という事実そのものに「有」がかかっていますから、全体を強めているという解釈です。すなわち「友だちが遠くからやってきてくれたんだあー」という喜びです。

◆二番目の解釈

別の解釈もあります。一番目の解釈による「有」でしたら、文章全体にかかっているわけですが、「有朋」と「自遠方来」との二つに区切るという解釈ではどうでしょうか。「有」を「朋」だけにかけるわけです。この場合、読みかたは「朋有り、遠方自り来たる」となります。

どう違うかといいますと、「有朋」で区切る場合は、「朋有り」ということですから、「友だち」というところに重点が置かれていることになります。一番目の解釈のときは友だちが来たこと全体を強めていますが、この二番目の解釈の場合は「朋《とも》」だけが出てきていますから、強めているのが友だちになるのです。

紀元前六世紀の孔子の時代、そのころはみんな歩いて移動していました。ですから、遠いところにいる人に会おうと思っても、なかなか会うことはできませんでした。

よほどの用事がない限り、遠いところから昔の友だちが訪ねて来るなどということもめったにないことでした。すなわち、この解釈では、朋にはめったに会えないものだということが強調されていることになります。

ですから「朋有り」は「おお、お前か！」という感じです。この解釈の仕方には、実感があふれているのではないでしょうか。

「お前、来てくれたのか！」「おお、お前か！」ということばの後に、実感として「遠かったなあ」となるに違いないからです。危険を顧みず、野を越え山を越え友がやってきてくれたことがものすごく嬉しかったのでしょう。

◆三番目の解釈

さらにもう一つ、違う視点から見ると、別の解釈をすることができます。少し特殊な解釈ですが、二番目の解釈と同じように「有朋」で区切るのですが、「有朋」を「朋がいる」と解釈せず、一つのまとまりとします。

実は、「朋」は、「

」という字が崩れた略字であるという考えかたがあります。この「

」は貝殻のことであり、古代のさらに古代では、貝殻は貨幣として使われました。銅貨もありましたが、一般庶民の間では貝殻が通貨の役割をしていたのです。

さて、「有朋」の朋を通貨と考えるとどうなるでしょうか。「有朋」は、お金がたくさん有る友だちということになります。それはそうですね。裕福な友だちが仲よくしてくれるなんて嬉しいですね。

すると、孔子が聞いたら怒るかもしれませんが、「貧しい自分のところへ、金持ちの友だちが来てくれた、何と嬉しいことか」という解釈も成立するということです。

◆どの解釈が正しいか

この文、真相が何だったのか、今となってはよくわかりません。「有」を全体の「朋自遠方来」にかけるのか、「朋」だけにかけるのか、あるいは「有朋」を一つの熟語として考えるのか。解釈がいろいろ生まれる例と言っていいでしょう。

皆想像をたくましくして、いろいろなことを考えます。ですから、『論語』の解釈には思わず笑ってしまうような解釈や珍説がたくさんあります。論語の文の大半は簡潔ですので、いろいろな解釈が生まれやすいのは事実です。

ただし、一応は、正統的に解釈しておくことが大切です。その他《ほか》に、違った別の解釈もあることを知っておくと、『論語』の読みかたに広がりが出てきます。

昔の覚えやすい工夫

◆同じ語調の美しさ

最初の章に掲げた、

子曰《しいわ》く、
学《まな》びて時《つね》に之《これ》を習《なら》う。亦説《またよろこ》（悦）ばしからずや。
朋《とも》 遠方自《えんぽうよ》り来《き》たる有《あ》り。亦楽《たの》しからずや。
人《ひと》 知《し》らずして慍《いか》らず。亦君子《くんし》ならずや。

この文を、もう一度、改めてよく読んでみてください。

「よろこばしからずや」「楽しからずや」「君子ならずや」と、反語表現の形が三つ出てきています。これは、前にお話ししましたように、「説（悦）ばしいこと」「楽しいこと」「君子であること」を強調するための表現です。

しかし、それだけではありません。美しさです。読んでも聞いても、同じ語調で書かれた字句は美しく、人を感動させる力があります。さらに言えば、音の響きが似ているために、耳に残りやすいということです。漢文あるいは欧米の詩文を音読しますと、韻を踏んでいる音の響きの美しさがあります。

◆書かないで覚えられるには

私は若いころ、勤め出してから始めて手帳を使うようになりました。しかし、手帳を使い始めますと、それまでは予定を覚えていましたのに、覚えることができなくなりました。

手帳を頼りにするようになってしまったからです。人間の記憶力は情けないものです。手帳などなくとも、半年先までのスケジュールが頭に入っていたのに、手帳を使い始めたとたん、明日の予定も忘れるようになりました。

孔子の時代でもそうですが、教育は今でも口語体でなされます。いま引用しました『論語』のこの文も実は口語体です。そこに、孔子の工夫の跡が見られます。相手が覚えやすいように話していたわけです。

声に出して読んでみると、短い句でまとまっていることがわかります。「亦説ばしからずや」「亦楽しからずや」というふうに、区切りがあると覚えやすいのです。

しかも、三つにとどめているところもポイントと言えます。今なら、筆記用具がありますので、例えば、「この問題点は七つあります」と言って、七項目を話しても筆記させればいいわけです。

しかし、覚えるには限度がありますし、考えてみれば、世の中のことは三つで十分にわかるものです。七つもあったら覚えられません。

また、気分としましても、一つだと少し物足りません。しかし、三つくらいあれば、それでいいではないかとなります。三つで大体のことをつかみとれますから、三という数字は「二度あることは三度ある」「三度目の正直」のように、たくさんという意味にもなるのです。

人知らずして慍《いか》らず。

人不シテレ知ラ而不レ慍ラ。

人が自分を認めないとき

◆「人」を誰と見るか

『論語』の最初の「子曰く」に挙げられた三つの文の第三節が、「人不知而不慍。不亦君子乎」（人《ひと》知《し》らずして慍《いか》らず。亦君子《くんし》ならずや）です。

その中でまず「人」とは誰のことでしょう。実はここで言う「人」とは他人のことです。例えば「他人事」ということばがありますが、これを「たにんごと」とは読みません。「ひとごと」と読みます。すなわち「人」とは「他人」のことなのです。

「人知らずして（他人が『知らない』と言う）」の一句には二つの解釈があります。まず正統的ではない解釈から始めます。

孔子から見て他人とは誰のことなのでしょうか。一番近しい他人は弟子でしょう。この句の「人」に弟子を当てはめると、「弟子は知らない」となります。

知らないというのは、ものを知らないとか理解できないとかということです。したがって、「人」を弟子だとすると、弟子が理解できないからと言って腹を立ててはいけないという意味になります。劣等生の弟子がいたのかもしれません。

たしかに、こうした解釈が成立しないわけではありません。しかし、それは孔子の時代よりもずっと後に出てきた解釈であって、本来は、そういう意味ではなかったと思います。

というのも、このことばは『論語』の中で、五回くらい出てくるのですが、そのほとんどが「弟子」というような意味ではないからです。ですから、次に述べるような解釈が妥当でしょう。

◈認められないとき

「人知らずして」の「人（他人）は知らない」には、「何を知らないのか」という目的語が省略されています。実は、その目的語は「私の価値」なのです。すなわち、「他人は私の価値を知らない」と言っているのです。

私の価値を知らないということは、他人は私を認めないということです。私の持っている良いところを知らない、わかっていないと言っているのです。

しかし、そういうときであっても怒らないと言っています。この「慍《おん》」というのは、外に出てこないむっとした感じの腹立ちです。

心の中で「不愉快だなあ」と思っているので他人にはわかりません。「ぎゃー！」っと怒鳴りつける怒りではなく、内側にこもった憤りです。すなわち、他人が私の価値を知らないからといって、それでむっとしたりはしないということです。

人は誰でも、自分には価値があると思いたいものです。それを認めてもらえないときには、口惜《くや》しくて相手に対して世に対して「この野郎！」と思うこともあります。

孔子はそれを思うなと言っているのです。

孔子は『論語』の中で、これを何回も言っています。それは、孔子がよほど認められなかったということです。

そういう意味で、この「人知らずして」という中には、孔子の万感の思いがこもっています。自分が大きな発言力を持ったたった約三年間、そうした自分の一生を顧みて不遇だったなと思ったに違いありません。

唯一の救いは、流浪の旅に何人もの弟子がついてきたことでした。そこが孔子の凄いところです。人間的な魅力があったのでしょう。そのあたりがイエス・キリストと共通するところです。

ですから「人 知らずして慍らず」というのは孔子の本当の気持ちだったのでしょう。人に認められないからといって、そこで腹を立てたりしない、ムスッとしたりしない、ということができれば、それは君子に値するぞ、ということです。

君子や小人とは

◆「君子」の意味

最初は勉強の話「学びて時《つね》に……」、次は友人の話「朋有り……」、三番目は己れの人生の問題「人知らずして」と、孔子のことばは続いています。世の中にある学びの中心と言えば、この三つに集約されるのかもしれません。

さて、その最後の「人　知らずして慍らず」に続くのが「亦君子《くんし》ならずや」です。「君子でないであろうか、いやこれが君子なのだぞ」ということです。

では君子とは何なのでしょうか。

私は、『論語』を全訳しましたが、そのときもっとも悩んだのは、「君子・小人」をどのように訳すかでした。原稿はできあがったのですが、このことばの翻訳ができません。いや、できる、できないというよりは、自分自身が納得できなかったのです。

そこで、出版社に原稿を出すことをためらいました。出版社から何度も催促されましたが、私は「すみません、訳をまだ自分で決定することができないですから、もう少し待ってください」といって、ずいぶん引き延ばしました。

君子と小人との意味は、単純に考えれば少しも難しくありません。君子を「立派な人」、小人を「つまらない人」と訳せば、一応の意味は通じ、それで事足りますので、ほとんどの『論語』翻訳書はそのように訳されています。

私はその訳に疑問を持ちました。なぜならば、『論語』の中には、「君子・小人」が単独ではなく、対《つい》で出ている箇所がおよそ三十か所もあるからです。

これは、「君子・小人」という対比とは何なのかという問題が、孔子にとって重要な問題だったということを示しています。それを簡単に「立派な人・つまらない人」と訳していいものかと、私は非常に悩み、この訳ができないのなら、むしろ出版しないほうがいいのではないかとまで悩んだのです。

◆君子と小人との違い

そして、あれこれ考えた挙句、あるとき、はっと気づいて訳を決めることができたのです。そのヒントは「子曰く、学びて時に之を習う」の「学ぶ」ということばにありました。

今の世の多くの人が学校で勉強するのは、国語、数学、社会、理科、英語などです。しかし、こうしたものばかりを勉強すると、人間がだめになると孔子は言っています。国数社理英は入り口であり、その上に加えて他者の幸福を考えるというような人格的な学びが大切と孔子は考えていました。

そこで私は、知性だけの人を、また知性と徳性とを併せ持っている人を、孔子はどう呼んでいるのかと考え、答えを出すのに苦労しました。

私が取り組んでいた『論語　増補版』（講談社学術文庫）の訳文はほとんどできていたのですが、ここのところ（君子・小人）だけが訳せなかったのです。この訳語を探すために十年かかりました。そしてあるときに、ついに適訳ができたのです。

孔子は、知性だけの人を「小人」、そして、知性と徳性とを兼ね備えた人を「君子」と呼んでいると考えるに至ったのです。そこで、訳語として、「小人」は知識だけだから「知識人」、「君子」は知識と道徳とを身につけた人だから「教養人」ということばを当てはめました。現代中国語の「教養人」の語感がそれだったのです。日本人は教養と聞くと、知識の多い人と思うでしょうが、それは間違いです。

繰り返しになりますが、『論語』の人物観を私のことばで言い表すならば、こうです。

「人間には、己れの幸福だけを考える人と他者の幸福を考える人という二種類がいる。そして、他者の幸福を考える人の中にも二種類あって、知識だけを蓄えることに終わっている人と、知識に終わらないで、さらに徳を磨いている人がある」

ということです。孔子はそれを小人と君子とに分けているのです。

日本のテレビ番組におきまして、ただただ「知っているかどうか」という知識テストのクイズが非常に多い。そして知識点数の高い人を褒めていますが、それは私から言わせれば、「小人テスト」ということになるでしょう。

知識人（小人）と知識・人格との両者に勝れている教養人（君子）との分別をする。これは、『論語』全体の大筋です。もちろん大事なことは他にもたくさんありますが、まずこのことを理解しなければ、『論語』の世界の全体は見えてこないでしょう。

人間的魅力のある人

◆二種類の人間

『論語』の中で説かれている中心は、人間というものに対する見方です。孔子は、人間には大きく分けて二種類あると言っています。

人間を二種類に分ける見方は、いつの時代にもあります。例えば、マルクスは人を搾取する側と、搾取される側とに分けました。古ぼけた分類ですが。

孔子は、自分の幸せだけを考える人と、ときには自分の幸せを犠牲にしてでも他者の幸せを考える人、この二種類の人間がいると考えました。

世の大半の人は、自分の幸せだけを考える人です。それが普通です。それはそれでいいのです。なぜなら、生命を保ってゆくことは生物の本能であり、生まれつき利己的なのが生物の本性ですから。ところが、ときには自分の幸せを振り捨てても、他の人の幸せを考えたいと思う、志のある人が確実に存在しています。孔子は、人（他者）の幸せを考えようとする人を「士」と呼びました。

さて、次に孔子が生きた時代のことを考えなくてはいけません。今から二千五百年前の、当時の職業の中心は農業です。おそらく人口の九十五％から九十七％は農業に従事していました。商業、工業も存在はしていましたが、あまり盛んではありませんでした。その最大原因は、商業では物流の方法すなわち自動車や列車がなく、大量の物を運ぶことができなかったことにありました。工業の場合は人力でトンカチと作っており、量産はできませんでした。もちろん電気はなく、動力は人間が中心ですからせいぜい小さい鉄工店でした。

そうしますと、他人の幸福のために働くことができる職業は限られていました。ほとんどの人は農業をして、自分の家族が食べていくだけで精一杯です。では、他者の幸福を考えることができる職業は何かと言うと、前にも指摘しましたように行政をする人、すなわち官僚しかなかったのです。これは時代の制約です。

当時は官僚になる以外に、他者の幸福を考えることはできなかったのです。例えば、税金を適正に計算して、皆が困らないようにするとか、あるいは橋が壊れていたなら、きちんと修理するとか、堤防に強度が足りなかったら補強するということを担当して、他者の幸せに役立とうとしたわけです。

このように孔子は、まず人間を職業的に二つに分けました。

◆人の上に立つ人間

孔子はさらに、その志のある人間、他者の幸福のために生きようとする人間にもまた、二種類あると説きます。

まず、他人の幸福を考え、実際に幸せにしようとするならば、何かその人に技術があることが前提になります。

ただ気持ちだけがあるというだけでは無理なのです。他者を幸福にしようと思うならば、それに必要とされることを勉強して、知識をたくさん蓄える必要があります。まずそれをしないことには、他者に対して対応することはできません。

『論語』の中で、任命を受けて外国と交渉するとき、その国を代表した人を迎えるという例が挙げられています。単なる個人ではありません。国を代表して来た人ですから、それなりの態度で、格調高いことばづかいで交渉するのです。

一国を代表するのですから、知性溢れる答弁をしなくてはいけません。そのためには、ずば抜けて豊富な知識が必要です。

ときには、相手が詩を作ったなら、その詩に応ずる詩を即座に作らないといけないでしょう。それができなければ、通用しないのです。そのためにはまず、勉強して知識を得なくてはいけません。

ところが孔子は、知識を豊富に蓄えるだけでは不十分だと言うのです。知識や技術だけでは、人を導き、惹《ひ》きつけていくことはできないからです。

もちろん知識は必要ですが、それに加えて、その人の持っている人間的、人格的な魅力がなくてはいけないと孔子は説くのです。ものはたくさん知っていて勉強はよくできても、人としての魅力がない人はやはり困ります。これは昔も今も変わりません。

道端で誰かが倒れているとき、倒れた人を見捨ててやりすごしていくような人では困ります。やはり、ぱっと引き起こしてあげるだけの情がないといけません。

孔子は、これを「徳」ということばで表しました。「徳」ということばは、本来

「得たもの」「しだいに身につけたもの」という意味です。「徳」は「得」です。人格的なものを身につけることは、訓練で磨けるはずだと言うのです。

もちろん、訓練というのは、体育におけるようなものではありません。人間とは何か、人の幸せとは何か……と問い続ける心を豊かに養ってゆくことです。

まず礼の知識を学ぶ

◆森鷗外の名作『阿部一族』

孔子の学校（塾）には、全国からたくさんの人が勉強しに来ました。しかし、その弟子たちの中に、こんな人がいました。例えば、入門すると、孔子から推薦状をもらってすぐにでも就職したいと思うような弟子です。

孔子の学校へ行って勉強をする目的は、大きく分けて二つありますが、その一つが、このように、推薦状をもらって政治家や官僚という当時の為政者になることでした。

こうした推薦状をもらうためには、その基本としてきちんと礼を身につけることです。当時の社会では〈礼〉が非常に重要視されていたのです。なぜならば、孔子のころに限らず、中国のどの時代、どの地域でも宗族（同じ血で結ばれた人々の共同体。血縁共同体）があり、この宗族すなわち一族は、〈法〉ではなくて〈礼〉によって結ばれていましたから、その重要性がきわめて大きかったのです。

一族といっても、五人や十人ではありません。全員の姓が同じの一族が千人単位でいました。彼らは、血がつながっているという、宿命としか言いようがない理由で生まれてきたのです。

古代社会には、このように生物学的な宿命を柱とした集団がいたのです。日本にも、千人単位とは言いませんが、昔は相当数の親族がおり、一族意識があり団結していました。そのいい例は、森鷗外の有名な小説『阿部一族』です。

これは熊本藩で起こった本当にあった事件を描いた作品です。

阿部の本家が君主と仲違いしました。君主は細川家、その子孫がかつて首相にもなったあの細川家です。阿部本家は、やがて、主君の細川公と、決定的な分裂の関係になってしまいました。

細川公は、「阿部を討て」という命令を下します。これを上意討ちと言います。それは、主君の命令ですから、昨日までは仲間だった同じ藩の者が阿部家に向かいました。もちろん武装してです。

阿部家では、本家に阿部の一族全員を呼び集め、向こうが放ってくる矢に対抗するために、畳を全部挙げて囲い、討手を迎え撃つ準備をしました。そして、本家の中央では、女性は九歳以下の子どもを殺したあと、自決します。十歳以上の男子は全員武器を持って、対決しました。そして一族を挙げての凄惨な戦いを経て全員が殺されます。

主君といえども、阿部家の名誉は一族で守らなければなりません。ですから、一族は団結して戦わなければならなかったのです。少なくとも江戸時代まではそうだったのです。

◆一族を結ぶ礼

遠い遠い古代社会でも、一族しか信用できなかったわけです。だから、血のつながる者の団結が、重要なことでした。一族すべてが集まったら千人単位ですが、普段は百人単位、五十人単位で暮らし、いざとなったら全員が集まります。

そういうグループの中で、その関係を保ったりお互いの生活を守ったりするためには規約が必要でした。それが礼でした。

お葬式も、結婚式も礼です。それ以外のことでも、あらゆる行事は礼に基づいて行われました。これに違反することは許されません。

特にもっとも重要だったのはお葬式でした。お葬式の場合、参列をするときの服装も決まっています。喪主がどういう服を着る、一族と言っても、喪主から血が遠くなるにしたがって、喪服がだんだん簡略になっていって、血がつながっていない者は、平服です。

ですから、血のつながっていない者が喪服を着て行ったりしましたら、それは一族の喪服を着ている人々に対して僭越《せんえつ》（出しゃばり）、分《ぶん》不相応ということになり、礼に反することでした。お葬式における服装は、それほど厳しく、故人との関係によって違っていたのです。

因《ちな》みに、現代日本の一般的な葬儀について、少しお話ししておきましょう。現在では、一族以外の方の葬儀に参列するときにも喪服を着用するのが一般的となっています。ですから、その葬儀の関係者と、そうではない他者との区別がつきません。参列者はすべて黒一色。しかし、これは欧米流であって、儒教方式ではありません。儒教では関係者以外の者は、平服を着用するのが〈礼〉です。

このように礼が重んじられたのは、礼を身につけ守ってさえおれば、安心して生きていけたからです。知らないと恥をかき、知っていれば恥をかかずに済む、そういう社会だったのです。

礼は、家のお葬式から始まって、国家や大きな組織に至るまで細かく定められておりました。この礼を十分に知らないと、社会人としては通用せず、就職もできなかったのです。

次にその上の教養を

◆現代日本の学校教育は小人教育

孔子の弟子の中には、前項で述べましたように、就職のみを目的にして入学してくる者がいました。こうした弟子を孔子が諭《さと》すことばがあります。そのことばが、私が訳に苦労した「君子・小人」ということばに関係があります。

「小人すなわち知識人」とした私の訳を引用しますなら、孔子にとって、就職のみを目的とする人間は「小人」でした。

そうした知識人だけではだめだということを、孔子は何度も何度も言っています。知識人は、勉強すれば誰でもなれるからです。

その次に大事なことは、人間としての心得であるとか、優しさとか、他人に対して謙遜する気持ちとか、道徳的なものを持つことだと言っているのです。そこに、学ぶ第二の目的があります。

「君子」は、知識に加えて道徳を身につけていく者のことです。そういう人間を教養人と言います。知識人と教養人とは違います。残念ながら、日本の学校教育は知識人を作ることに終わっているのです。ほとんど教養人を作ってはいません。ですから、今の日本の教育体系では、自分で教養人になっていくほか方法はありません。もちろん学校では教養人になれとは言っているのでしょうが、それはそう言っているだけで、実際には何をしているのでしょうか。何もしていないのが現状です。

◈教養人とは道徳性も豊かな人

教養人と知識人とは、決定的に違います。それを孔子は「君子」と「小人」ということばで表しました。

もちろん、まず知識を自分のものにすることは大切です。しかし、それだけで終わるのではなく、人との関係とか、己れに対する厳しさを貫くとか、いろいろな道徳性を自分で身につけていかなければいけません。

わが国には、知識人は掃いて捨てるほどいますが、教養人はきわめて少ないと思います。あえて言えば、今日の現代的な意味における教養人と知識人との違いは、古代よりもはっきりしています。

私は、個人主義を最高とする現代において、もし本当の意味での個人主義を身につけた人がいたとしましたならば、その人を、教養人と呼んでいいと思います。なぜなら、個人主義とは、自律・自立・自己責任という道徳性が伴うものだからです。一方、知識人は、道徳性は乏しく、利己主義者となる可能性が高いと思います。

現代日本の学校はこういう道徳性の乏しい知識人教育を一生懸命しています。道徳性抜きの教育ですから、利己主義者になって当たり前でしょう。個人主義者は、自己責任で自分のことを厳しく律しています。知識だけの教育ではなかなかそうはなれるものではありません。

◆古典を読む意味

わが国において、個人主義が身についている人は実はほとんどいません。自己犠牲もある、すなわち自己の命を捨ててでも行うという、本当の個人主義は、なかなか難しい。日本では、そういう個人主義者を育てることはせず、知識ばかり教えています。ですから、自分の幸せだけを考えたりするのです。

それでは困ります。他者の幸せということを考えてほしいものです。しかし、そういう教育が乏しいものですから、個人主義者を作ろうとしてはいても、結局、ほとんどが利己主義者養成に終わってしまっているのではないでしょうか。そうした危険性から逃《のが》れるためには、古典を読む意味があります。

日本では勉強ができる子どもが尊ばれる傾向があります。もちろん、勉強はできないよりはできるほうがいいでしょう。

しかし、勉強はできなくても優しい子どもがいます。家族に優しい、友だちに優しい、これは素晴らしいことです。そういう子どもがそのまま成長し、社会人になれば、社会も優しくなるでしょう。

君子と小人との違いを延長していくと、そういう社会問題にまで延長した問題になっていきます。それが古典を読むことの意味です。我々が古典を読むのは、物知りになるためではありません。

昔の人々が、どんなことを考えてきて、どのようにしてそれを解決しようとしてきたのかというようなことを学ぶことに勉強の本当の意味があります。漢文の端くれを読めるようになるだけでは勉強をしたことにはならないのです。それは、残念ながらただ知識を増やしたいというだけのことです。

辞《じ》は達《たつ》するのみ。

辞ハ達スル而已《のみ》矣。

「達意」の文

◆「達意」とは

【現代語訳】

老先生（孔子）の教え。文章を書くなら、達意であれ。

これは有名な文章です。

孔子が「辞は達するのみ」と言ったのは、「ことば」すなわち「意」(自分の思いや考えなど)は「達する」(相手にしっかりと伝える)ことが大事だということです。

達意の文とは、きちんと重要なこと、言いたいことを言っている文のことです。それもあれこれごたごたと言うというのではなく、適切なことばを使ってずばりと言うということです。

これはなかなかできないことです。やたらと長かったり、あるいは、中身はなく、表面を美しく飾る、すなわち美辞麗句で飾ったりする人は多いのですが、ぴしっと適切なことばで言える人、達意の文を書ける人は、なかなかいません。

本屋さんに行って本を見ればわかると思いますが、だらだら書いている本がなんと多いことか、最初の一、二ページを読めばもうそれがわかります。そんな本は買わないことです。

◆「山」一字のイメージ

さて、漢文におきまして、例えば、『論語』の最初のことば「学而時習之」をはじめとして、「而《じ》」という字がよく出てきます。

この「而」という字自身は、人間の髭を伸ばしたという意味です。それはそれとして、漢文を読んでいますと、「而」という漢字が突如現れ、「これ何?」と思うことでしょう。

そのときに大事なのは、漢文すなわち外国語を読んでいるとき、実は日本語の感覚が大事になってくるのです。

漢文なら漢文を読んでいったり、国語なら国語を勉強していったり、あるいは英語を日本語に翻訳していったりするとき、日本語の特質をしっかりと理解していないと、前に進むことは、実は困難なのです。

例えば、「山」という字の場合、そのときの、日本人の理解の仕方を考えてみましょう。

中国人の場合ですと、例えば「山」という字を見た瞬間にまず「そこに山がある」というイメージが出てきます。

ところが、日本人は、「山」という字を見ても「山がある」ということに終らないのです。こうなります。「山が」なのか「山に」なのか、あるいは「山を」なのか「山の」「山へ」なのかと、あれこれと、はてなマークがついたような感情がずっと続きます。

これは、いわゆる「て・に・を・は」という感覚です。それがすぐに出てくるために、山自体の意味の色あいが薄れ、イメージは「が・に・を・の・へ……のどれ？」となってゆくのです。すなわち、日本語の場合「てにをは」が大事だということです。

◈「てにをは」感覚のない中国人

一方、中国人の場合、「てにをは」という意識はあまり強くはありません。「山」なら「山」、意識に上がるのはそれだけです。「山」の字は、「山」という概念だけを表しているだけです。これが中国言語の本質です。そういう意識がよく現れるのは詩においてです。

例えば中国の古典詩いわゆる漢詩は、概念語がポンポンと並ぶだけです。「長安一片月」（長安　一片《いっぺん》の月）となり、「長安において」などとは言いません。

我々日本人だったら「長安において空に一つの月がある」というようなイメージで捉えますが、中国人は違います。「長安　一片の月」これでお終いです。このように、概念語だけが並ぶと、日本語とは少々違う感じのものになってしまいます。

しかし、近ごろは、中国語的に概念だけを並べた日本文も出てきました。例えば『よこはま・たそがれ』という歌の歌詞です。「よこはま　たそがれ　ホテルの小部屋……」、これは中国風に概念のみを並べています。

日本語であれば、「てにをは」をつけて、「よこはまのたそがれどきに、私はホテルの小さい部屋にいます」ということになるでしょう。これが日本語的感覚なのです。

逆に言えば、日本語を学び始めた中国人は、中国語流に概念語のみでしゃべります。例えば、「お前、腹巻、金《かね》ある、それ、出す、許す」という調子です。これを正統的日本語に直すと、「お前の腹巻に金が入っているから、それを出したら許してやる」となるでしょう。

というわけで、中国人のように概念語だけ並べていくという感覚と、我々のように活用や「てにをは」をつけてゆくというのとは、まったく言語の感覚が違うのです。

これが高《こう》じますと、我々日本人には、形式中心になっていきやすいところがあります。すなわち、実質（内容）よりも形式に傾いてしまうのです。逆に、中国人は、徹底的に山なら山という実質（内容）中心です。こういうところはやはり注意したいものです。

「達する」の意味

◆ことばを尽くす日本人

言語の性格上、内容よりも形式を重んじる日本人は、例えば、挨拶をするときも「お忙《いそ》がしいところわざわざお越しくださいまして、誠にありがとうございます。重ね重ね厚く御礼申し上げます」と、たくさんのことばを連ねます。

しかし、中国人は「謝謝（シェシェ）」としか言いません。開会宣言にしても、何の前振りもせず、「開会（カイホイ）」と宣言するだけです。概念語なので、それだけで中身を十分表現できていると考えているのです。

何度も言い重ねては、かえって中身が薄くなると考える中国人と、ことばを重ねて重ねて重ね尽くしてこそ、心を表現できると考える日本人との根本的な違いはそこにあります。

現代、日本はいろいろな事情があって、中国に責め立てられています。日本人がすぐに、たくさんのことばを連ねて謝る姿勢に対して、もっともっと謝れという感覚になるのでしょう。

ですから、感覚的には永遠に合わないのです。日本人は話すとき、相手の気持ち、感情を中心にする形で己れのことばを尽くしていますから、漢文を読む際には、音読みだけにしないで、「てにをは」を加えた訓読を行い、完全に日本語化した書き下し文にしています。

古代の文章である漢文を中国人が訳すと、日本人が訳したものとはどうしても細かいニュアンスにおいて異なります。日本人から見れば物足りなく、もう少しことばを足したほうがいいのではないかと思いますが、それは言語感覚の違いなのでしょう。

中国人は、ズバズバとそのものだけを言います。我々は小さいときから「てにをは」をつけ、柔らかい表現にすることを習慣づけられています。両者のこの境を越えることは至難の業と言えそうです。

◆ことばの違い

日本人は、相手の気持ちを汲んで丁寧に言います。相手の気持ちを踏んでの「辞は達する」です。しかし、中国人は一直線に相手にとどける「達する」です。これは決定的な違いです。だから形は同じでも、それぞれの国語によって文の組み立てかたや語感が違うということになるのです。

例えば、ある中国人学生がいました。彼は日本語を勉強中でしたが、挨拶をするとき変に丁寧なのです。先生と学生との関係ですので「ございます」などと言います。ところが、国へ帰るとき、挨拶に来て私に対して「大変お世話になりました。じゃ、俺は帰るぜ」と言うのです。おそらく、どういうときに「俺は帰るぜ」というようなことばを使うのかわからなかったのでしょう。

このように、ことばの違いを埋めていくのは難しいことです。「辞は達するのみ」というわずかなことばですが、その国の言語によって、「達する」という意味あいも変わってくるのです。

◆伝えたい工夫

「辞は達するのみ」の原文の漢文を見ますと、最後に「而已矣」ということばがあります。言い切りの形になっていて、原文の雰囲気を残しています。孔子が言ったことばを、最後に残しているのです。

その「而《じ》」は前のことばを受けてことばの調子をつけています。「已《い》」と「矣《い》」とは言い切ることばです。それを二つも並べています。

これはしつこい言いかたですが、言い切りの形を二つも並べることによって、強めた気持ちが表れているということです。なにしろ、重ねているのですから強い感じとなります。「……こうなんじゃ」というような。事実、これを現代中国語で読みましても「而已矣《アルイーイー》」すなわち「アルイーイー」と言い切りの強い感じの声調です。こうだぞという断言の気持ちを表しています。孔子が気持ちをこめて述べたのでしょう。

それを弟子たちは覚えていて、そのことばのままに記録したのでしょう。『論語』は伝承であり、後に記録され定着して今に至っています。孔子が言いたいことを弟子たちがしっかりと伝えてきたからこそ、その雰囲気が残ってきたのです。

紙ができるのは一世紀ですから、紀元前六世紀の孔子の時代では、紙に書くということはなかったのです。当時の人々は、木の札に書いたり、彫ったりしていました。これは大変な作業です。ですから大事な記録しか写すことができなかったのです。

日本でも、覚えてはそれを他者に伝えていました。日本古典の『日本書紀』や『古事記』も、もともと暗唱していた人が物語って、それを記録する人がいて、今に伝わったのです。聖書でも、最初のあたりはずっと人の名前が続きます。そんなもの覚えられるかと思いますが、キリスト教徒は覚えています。

私の父も母も、細かいことをよく覚えていました。親戚の話でも、あの人はなんという家で、そこの兄弟がどうである、といった話をよくしていたものです。大昔の人は、他人の話を一生懸命に話し、そして聞いたのでしょう。

巧言《こうげん》令色《れいしょく》、鮮《すく》なし仁《じん》。

巧言令色、鮮《ナシ》矣仁。

「巧言令色」「朝令暮改」とは

◈「ことば巧みに」は悪いことか

【現代語訳】

老先生の教え。〔他人に対して人当たりよく〕ことばを巧みに飾りたてたり、外見を善人らしく装うのは〔実は自分のためというのが本心であり〕、〈仁〉すなわち他者を愛する気持ちは少ない。

これは、有名なことばです。今は巧言令色《こうげんれいしょく》と読みますが、江戸時代の人たちは、文として「言を巧みにし色を令《よ》くするは」と読むのが普通だったようです。「巧言は、ことばが上手、令色は、顔色を相手に良く見せようとする」、そういう悪い奴という意味ですが、巧言令色そのものは、もともとは悪い意味ではありません。「ことば巧みに」は悪いことでしょうか。だまそうと考えて、ことばを巧みに操る人間は悪い奴に違いありませんが、「ことばを上手に言う」という本来の意味からすれば、巧言というのはいい意味です。

例えば、我々が、テレビドラマを観たり、お笑い芸人の芸に目を向けたりするのは、それが面白いからです。それは、彼らが巧みに話しているということです。

ですから、本来、そのことば自体は悪い意味ではありません、素直に受けとめれば。ところが、巧言令色は、悪い意味だというふうになってしまいました。

◆朝令暮改とは

誤解といえば、「朝令暮改《ちょうれいぼかい》」という四文字熟語もそうです。普通は、朝にこうしようと言って、夕方にはもうその内容を変えるというように、くるくると変えるのは、信念がないからなので、そういうのはよくないという意味だとされています。

ですから政府を批判するときに、政府が度々《たびたび》政策を変えますと、朝令暮改の政府だから信用できないと言ったりします。

しかし元の意味は、これとは全然違います。昔のことですが、朝、中央政府でこういう風にするという法令を出します。その新しく定めた法律を、伝令が全国へ、馬を乗り継いで行き、領土の末端にまで伝え、夕方ごろにはその新しい法令がすべてに伝えられる、という意味でした。

昔は電話とかメールとかというような手段がありませんでしたから、命令書をもらった人は馬に乗り継いで目的地に行きます。これを伝馬《てんま》と言います。

馬を乗り換え、乗り換えしていって命令を伝えます。すると、朝、命令を発して、一斉に馬を飛ばして次々と各地へ知らせていったら、夕刻にはちゃんと各地方に届き、改正ができるということになります。

そのようにして中央政府の権威を示したのです。すなわち朝令暮改は「命令の伝達が組織的にきちんとできている」といういい意味だったのです。

それがいつの間にか、朝に作った法律を夕方にはころころ変えているようではだめだ、という意味に使われるようになりました。

このように、ことばというのは、本来どういう意味だったのかを考えると、いま使っている場合と意味がずれてくることもあるのです。

「巧言令色」というのも、ことばが上手で、いい人だと見えるように演技をしているという悪い意味になってしまっていますが、巧言も令色も本来は悪い意味ではありません。ちゃんと意味がわかるように上手に言うし、顔つきも穏やかなのです。

ただそれを悪用する人がいるということを孔子は言いたかったのでしょう。

因《ちな》みに、白川静先生の説に依りますと、「巧」の左側の「工」は、工作するとか工作物という意味。そして右側の「丂」は、小刀の形を表し、工作する作業の意味です。

また「令」は「古い字形の」のように、儀式用の深い帽子を被《かぶ》り、跪《ひざま》づいて神のお告げを受ける人の形です。すなわち「巧」も「令」も悪い意味などありません。

仁には差がある

◆「仁」の愛とは

「巧言令色」の次のことば「鮮《すく》なし仁」は、普通は「仁鮮し」と表し、「仁が少ない」という言いかたなのですが、その文の上下を転倒させています。転倒させているのは強調文だからです。例えば、「そんなことできん」を「できん、そんなことは」と言うと、強めることになります。

「鮮なし仁」は文字通り仁が少ないということですが、それでは「仁」とは何でしょうか。それは思いやりも含めて愛情という意味です。

「仁」という字を見ると人偏《にんべん》は「人」を表しています。立っている姿です。右側の旁《つくり》は、実は敷物です。敷物が二枚あるということは、敬意を表しているということになります。

さらに、生活次元で考えますと、敷物が厚くなるということは、より暖かくなることです。二枚の敷物を敷くと暖かいことから、相手への敬意という意味から、愛情の強さという意味に転化していきました。

「仁」というのは、もともと、敷物を二枚敷いて暖かくしているというだけの意味であり、難しい意味ではなかったのですが、転用して愛情を表すことばに進化してゆきました。それを進めていった人が孔子なのです。

それでは、愛するとは何のことでしょうか。日本人や中国人の場合、愛する対象をと問われると、まず家族と答えることでしょう。

そこがキリスト教の広く人々を愛する「博愛」と違うところです。儒教では、普通の人間としての当たり前の考えかたで「愛」を捉えています。

「仁」という文字で表された「愛」は、すべての人を博《ひろ》く愛するということではなくて「愛する厚さは、相手によって変わり、上下がある」ということです。

◆親しい者への愛

まず、万人でなくて個別的に自分が一番愛する人を決めます。儒教では、親に対する愛情を最高とします。親を最高にして、その次に愛するのが兄弟としましょうか。しかし兄弟に対する愛は、親に対する愛よりも少ないのです。

おじさん、おばさんだったらもっと減ってゆきます。遠い親戚だったらさらに減ってゆきます。ここまでは肉親です。そこから先は、友人、血縁関係のない友だちへの愛です。

相手は血縁者が第一、そして非血縁者となりますと愛情の量が減ってゆくのです。しかし、限界があります。最高の愛から量としてはどんどん減ってゆき、その愛は知り合いまでです。そこから先の知らない人は愛の対象にはなりません。

愛するということは、自分との関係においてのみ愛するというのが儒教の基本です。キリスト教のように、万人に広く愛を、というような考えはありません。そこが、キリスト教と決定的に違うところです。

万人の誰をも愛するというのは難しいものです。ですから、今の日本の小学校で困っているのは、先生が子たちに、ヨーロッパ風（キリスト教風）に、みんなを愛しなさいよと教えるのは、実は無理なことを言っているのです。

儒教的世界（日本はその影響下にあります）におきましては、人を愛するその第一条件は、自分と親しいかどうかです。愛情の最高対象を親として、以下、血縁関係に入り、その愛情量がだんだん減っていって、血縁はないけれども親しい友人までを愛する。そして関係ない人は愛と関係ない、それが人間の正直な姿とするのです。

もちろん、そこで終わるわけではありません。しかし、最初の出発点がそこにあるのだということを儒教は主張しているのです。

愛と同じく、悲しみにも差がある

◆喪服を着るときは

愛の反対は悲しみです。となりますと、悲しみの最高は、最高に愛している人の死すなわち親の死が一番悲しいということになります。そして血の関係が遠ざかるにしたがって、すなわち兄弟の死、叔父叔母の死となってゆきますと、悲しみがしだいに減ってゆきます。

さて我々は、愛や悲しみをいろいろな形で表現しますが、それを物で表すとなりますと、その代表はやはり服装です。

仮に、親が亡くなったとします。親の死に対する悲しみが一番だから、その時に着る喪服は、一番悲しいものを着ます。親戚の人の喪儀のときに着ていく喪服は、親のときに着ていく喪服と違うものになります。

その違いは、関係が遠くなるのに従ってだんだん平服に近づいてくるということです。平服というのは普通の衣服です。

親の死のときに着る喪服は、一番粗末な服装です。すなわち正式には、例えば、縄の帯を締め、履物も履かず、裸足です。

麻のような目の粗い衣服が正式ですが、喪儀以後は、麻の布を上腕につけて、喪中であることを示します。台湾では今もその形が残っています。

死者が自分との関係において遠くなると、裸足ではなくて草履を履きます。〈悲しみ〉の度合いが少ないことを示すわけです。喪服という着装は、悲しみの表現なのです。ですから亡くなった人との関係において、それぞれ着るものは異なっています。

しかし、近ごろの日本では、誰でも彼でもが、喪主と同様の喪服を着て喪儀（近ごろは「葬儀」と書きますが、本来は誤まり）に参列しています。それは、92ページに記しましたように、欧米流です。

◆平服に喪章という「礼」

儒教では、血縁者でない人が、もし喪主やその家族と同じ服装をしましたらかえって失礼となります。喪主と同じように悲しむというのは僭越（でしゃばり）だからです。故人との血縁関係の深さでどういう喪服を着るかは、礼として決めてあるのです。ですから、血のつながらない人は、平服に喪章を着《つ》けるだけでいいのです。もっとも今は喪章を着ける人が少なくなりました。中には間違えて、喪服の上に喪章を着けている人がいますが、それは間違いであることを知ってほしいと思います。喪章は喪服の代わりなのですから。

お葬式だけではなく、結婚式も同じであって、当事者との関係の濃さによって式礼服も決まっています。それも礼です。喪儀と結婚とは、人間にとってもっとも根源的なものなので、特にその場合の礼が重んじられているのです。

そういう意味で、礼とは、人間の感情表現と言ってもいいでしょう。

過ちて改めず、
是《これ》を過ちと謂《い》う。

過チテ而不レ改メ、
是ヲ謂フレ過チト矣。

「過」字の意味

◆「過」という字の背景

【現代語訳】

老先生の教え。過ちを犯したのに改めない、これが真の過ちである。

これは有名なことばで、また、背後にある漢字の面白さを味わうこともできます。まず「過ちて」の「過」という文字を分解します。この文字から部首の「辶《しんにょう》」の部分を除きます。そして、残った部分「咼」の下の口の部分を削ります。最後に残った部分の「冎」が、「骨」（骨格）に似ていることにお気づきでしょうか。しかし、実は、この部分は「骨」ではありません。そのことを説明するために、「骨」の一部「月」に着目して、「月」のつく文字を挙げてみると、「脳」「胴」「腕」など、肉体の部分を表現することばが浮かびます。

この場合の「月」は、空のお月様ではなく、原型は「肉」を表します。ですから、これらの漢字に使われる部首を「にくづき」と言うのです。

「骨」に「月」がついているのは、骨にも肉がついていたからです。しかし、その肉の部分がなくなると「ほね」だけ、実は白骨になります。そしてさらにばらばらになります。

それを「残骨」と言います。すなわち「骨」から月（肉）の部分を除いた物を残骨と言い、骨がばらばらの状態を表したのです。しかも、ばらばらになった身体の上半身の残骸をも表しています。その文字が発展して、骨や脳という文字になっていきました。

◆骨への恐れ

古代社会、すなわち今から大体五、六万年前ですが、そのころの人々は、仲間が亡くなって、遺骸となって腐っていき、約二年後、肉がなくなっていって骨だけ、すなわち残骨となる、その骨に特別な思いを抱きました。

残骨をゴミのように集めて捨てるのではなく、特別な気持ちを持って接しました。まず感じるのは恐怖心です。これは現代にも共通した気持ちでしょう。昔、学校の理科室に置いてある骨の模型が怖かったという思い出を持っている人も多いはずです。

そこで、残骨に恐れを抱いた人々は、自分に害がないように、どうか自分に対して危害を加えないでくださいとお祈りをしてきました。

古代では、早朝三時くらいから儀式を始めて、音楽演奏をしたり、お祈りのことばを捧げたりします。そのお祈りで使うことばを、木などに書いて器に載せて残骨に捧げます。

器に祈りのことばを入れた形を「さい」と言いますが、その形から𠙵（口）という文字ができました。だから、残骨にこの「さい」を足して、「咼」になります。そういう意味がこの文字（咼）にこめられています。

残骨に祈りを捧げるために行う儀式も、すべて形になって残っています。まず、儀式を行うためには器を捧げる台（一の形）が必要です。

その台を捧げるので、相手に差し出す高さに据えるものが要ります（丁の形）。その台の上に器を載せます（亍の形）。さらに、その台を倒れないように支えるために、足を両方に付けました。その形から、「示」の文字になりました。これが「示（礻）」（しめすへん）になりました。

そこから禍という文字ができました。この文字は「そういうことが起こらないように」という意味がこめられた文字なのです。

因みに、こういう古代における漢字の成り立ちについて、大きな業績を残した研究者は、白川静先生です。本書における漢字の解釈や説明のほとんどは、白川先生の説に従っています。

白川先生が研究者として第一級でありますわけは、古代文学についての個々の研究の上に立って、古代文学全体を体系的に把握したことです。平凡な研究者は、個別的にあれこれと研究するだけで、体系がありません。学者のレベルを判別するには、体系性があるのかどうかという点を見ることです。

「過」はお守り

◆昔の旅は危険だった

ところで、「過」という字があります。この「過」という字の「しんにょう」の部分（辶・辶）は道を表しています。

もともとは、畏れ多いところの横を通りすぎるという意味ですが、素通りはせず、一度その場所に立ち寄っていくという意味になりました。この「過」は元来、「禍」という文字と関係が深いのです。

そして、一度その場所に立ち寄って他の場所に行くことを、国語の古いことばで「よぎる」と言いました。それがしだいに、単に「すぎる」という意味として使われるようになりました。

そこで、「よぎる」ということばは、「何か或ることが自分の頭の中をよぎった」というように使われるようになりました。「よぎる」は、頭の中に一瞬思い浮かぶという感じです。

さて、古代社会では、自分が住んでいるところは、仲間がいて家族がいて安心な場所ですが、少し遠くに行くと危険でした。

昔は宿屋など泊まる場所がないので、旅行が一番危険でした。野宿でしたし、当時はお金もなかったので、途中で何かを買うこともできません。ですから、食べものを担いでいって、それを食べながら行くという、それが旅というものでした。

逆に、その土地に住む人からすれば、まったく見知らぬ者が来た場合は、危ない者が来たということになりました。だから、よそ者を受け入れません。知らない者が来たならば、自分たちの物を奪われたりすると考えます。ですから、旅人は捕まえられたり、殺される危険性もあったのです。

◆旅のお守り

そうした危険を避けるために、旅人にはお守りが必要ということになりました。お守りを持っていることで危険から逃れようとしたのです。では、何をお守りにすればいいのか。それは皆が怖がるもの、畏れるものが最適です。

誰でも、神社や寺でお守りをたくさんいただくと、何か畏れ多いと感じるものです。お守りを持って旅行するのはそういうわけです。そのお守りを持って歩く姿を、文字で表したのが「道」です。

道からしんにょう（辶）の部分を外すと「首」です。これは頭蓋骨です。人にとってもっとも怖いものは首だったので、お守りとして、頭蓋骨をぶら下げて旅をしていました。もちろん白骨ですが、かなり重かったと思います。

しかし、頭蓋骨が自分を守ってくれていると思えば、何でもなかったのでしょう。これが「道」という文字の源になります。

そのように、古代の風景は、我々の見る風景とは全然違います。しかし形は変わりながらも今も残っています。旅行をするとき、それも遠い所への場合は、旅の安全を求めての祈願をし、お守りをいただくでしょう。いただいたきれいな模様のついたお守りも、元は骨の一種であり頭蓋骨だったのです。

すなわち、「禍」も、孔子のことばにある「過ち」も、何かから身を守るという意味から生まれたことばでした。こういった古代社会のイメージは、今でも残っています。神社や寺を畏れ多いものと感じる理由の一つはここにあります。

古代の文字から今の文字ができていますが、人間が元来持っているイメージというのは、時が経《た》ってもあまり変わりません。

「過」という文字、この一文字を見るだけで、古代の人間が持っていた宗教的な、あるいは、人間の持っていた畏れというものが表れているということがわかります。

「過ぎる」ということで使うことも多いのですが、一方、「過ち」とも読むことを知っておいてください。

「是」一字が指す意味

◆さまざまな古典解釈

「過ちて改めず」は、間違っていたとき、それを改めないという意味です。最近はそういう人が増えました。潔《いさぎよ》く誤まりを認めて謝ったほうがいいと思うのですが、それができる人はなかなか少ないようです。

「過ちて改めず」――このことばのあとに、「是《これ》を過ちと謂《い》う」と書かれています。この「是」は、「過ちを改めない」ことを指しています。

ただし、古代のことばは、今となってはわからないことが多いのです。この文にしても、文の前後に弟子と議論したとか、このことばが生まれる前後に何かできごとがあったはずです。

しかし、それは遠い昔のできごとであり、しかも他《ほか》のことばは何も残されていませんので、今となっては何が起こったかは、ほとんどわかりません。「是」にもいろいろの意味があったのでしょうが、推測するしかありません。

『論語』で、前後の話があるものもありますが、ほとんどの場合は、短い文しか残ってない場合が多いのです。前後がどのような事情で話したものかがわからない、そういう場合、読む人によって解釈が変わってきます。

古典の文においていろいろな解釈が生まれるのは、前後を示す文脈がはっきりしない場合が多いため、どういう意図をこめて言ったのかがわからないことが多いからです。こういうとき、よほどの新発見テキストがないかぎり、それまでに行われていた解釈に従うほかありません。

いくら想像しても、どれが正しいのかわかりません。ですから、「大体こういうものだ」という程度に理解するだけに留めておき、どちらでも構わないとも言えます。

◆発掘による真実

しかし怖い話がありまして、考古学の研究や発掘が進むにつれて、実際に当時の物が発掘されることがあります。それによって、歴史が書き改められることはたくさんあります。

例えば、これは明らかに偽物だとされ、後の代の者が作ったと言われていた本がありました。

その本は、唐の時代、西暦八〇〇年前後に作られたもので、西暦前にはなかったのだという通説でしたが、最近、考古学の発掘によって、文章がほとんど変わらない状態でその本が発見されたのです。

それは偽作だと言っていた人も、現物が出てくれば、皆黙るしかありません。考古学は事実を示していく学問ですが、或る意味、怖いといえる学問なのです。

しかし、考古学に関心のある人が多いのは、そこにロマンがあるからでしょう。私の友人は、発掘目的でモンゴルに行って人生観が変わったと言っていました。

すなわち、満天の星が、日本の五、六倍も見えて、夜も真っ暗にはならず、星の光で明るかったそうです。

おそらく、古代の日本も中国もそんな感じだったのでしょう。我々は、近代へ、現代へと歩《ほ》を進めてきたのと同時に、古代的なそういうものを失くしてしまったのです。

星明《ほしあか》りということばは、現代の都市では死語になっていますが、現代でも例えば山奥へ行きますと、星明りを実感できます。「蛍《ほたる》の光、窓の雪」の明《あか》りで勉強したという中国の昔話もまったくのでたらめではなかったと思います。

ですから古典に触れるときは、古代社会と現代とでは、風景がまったく違うということを知っておく必要があります。

一例を挙げましょう。現代では、筆記用具がいろいろありますし、録音も可能ですから、ノートを取ることに苦労はありません。しかし、古代では、筆記用具が十分でないため、弟子は先生の講義を真剣になって聞き取っていました。『論語』の孔子のことばは、おそらく事実とほとんど変わらなかったでしょう。

道同じからざれば、
相《あい》為《ため》に謀《はか》らず。

道不レ同ジカラ、
不ニ相為ニ謀ラ一。

「相」字のニュアンス

◆「相」のニュアンス

【現代語訳】
老先生の教え。進む道が同じでないならば、たがいに心を割って話し合うことはしない。

このことばの最後、「相為謀」という句の中で一番難しいことばは「相」です。我々の感覚では、「相」は「たがいに」というイメージです。しかし、中国人の感覚ではどうも違っています。何か先方の相手がいてというようなときに、この字が出てきていて、両者おたがいにという意味はないようです。

また、「為」という文字も、どう考えればいいのかが難しく、「その人のために」という意味に取ると、文としておかしくなるように思います。

私は、「相」と「為」との訳を、「たがいに心を割って話し合うことはしない」としましたが、そこには多少ごまかしがあります。たがいに心を割ってというようなことばは文のどこにも出ていないからです。

また、「相為」が、相手のことをいろいろ考えてという意味なのか、自分のためなのか、つまりは誰のためなのか、率直に言って、いくら読んでもよくわかりません。

◆「相」を無視しての解釈

相手に対してあれこれと配慮しないということだけは言えます。言ってみれば、「不レ謀」だけでいいのです。「相為」の部分はいらないのです。

「道不レ同（道が同じでない）」、すなわち相手の考えていることが自分と同じでないならば、「不レ謀（話はしない）」と、これだけでいいのです。間に「相為」ということばが入っていますため、これを先ほどのように訳しましたが、案外難しくて、訳しきれないのです。

ですから、結論としましては、「道同じからざれば、謀らず」でいいと思います。すなわち、「相手が自分の考えかたや生きかたと同じでないのであれば、もう話し合うことはしません」と訳すだけで十分です。

文法よりも文章の暗記

◆「不……、不……」の構文

この文を見て、一つ覚えていただきたいことがあります。それは、全体を読んでみたとき、「不……（こうではない）、不……（ああではない）」という形になっていることです。

これは、「こうではない、ああではない」と、否定の二文を並べていると解釈することもできますが、「こうでなければ、ああではない」と、上の文を下の文に対する条件に訳すこともできます。

そこで、こういう「不……、不……」という漢文が出てきた場合は、①単に否定を並べているという意味と、②こうでなければ、ああではないという意味になると、二つの型があることを覚えておいてください。

外国語を勉強するためには、文には構造があるので、このような、或る程度、型にはまるものがあることを理解しておくことです。そうすれば、文を見たときに理解しやすくなります。

ことばを勉強するときは、文法を勉強するといいとよく言われます。それも大事なことですが、文法を勉強するのではなく、文章の中でどういう風に使われているかを見ていくことが、ことばを勉強するためのコツです。

文法を全部覚えたところで、すぐに忘れてしまいます。なぜならば、実際に使われるかどうかわからないような例文で文法を習うことが多いからです。しかし、文章としての例が目の前に見えれば、記憶しやすくなります。

すなわち、文法だけを暗記しただけでは、ことばの勉強をすることはできないのです。それよりも、短い文を丸ごと覚えるのが賢い方法です。文章は文であって、文法ではないということです。文法が便利なのは、まとめて理解するときだけでしょう。

◆便宜的に作られた文法

日本では、明治時代に諸外国語が正式に入ってきました。その中心になったのは、英語、ドイツ語、フランス語でした。この三つの外国語が日本の外国語の中心でした。

そこで、日本の若者は、それらのことばを勉強しました。しかし、勉強するにしても、何もない状態では勉強はできませんから、たくさんの文法書が生まれました。英文法、フランス語文法、ドイツ語文法、すべて一から作っていました。そうしてできた文法を勉強して身につけていたようです。今は外国語というと英語が中心ですが、明治のころの若者は欧米列強のその三ケ国語を一生懸命勉強していたのです。だから、その流れで、昭和になりましても大学では第二外国語という科目が必修で、二つめの外国語を私も勉強させられました。しかも、当時無理やり作ったような文法は、すべてとは言いませんが、今でも日本の学校では残っています。

そのためでしょう、学ぼうとする言語より、その言語の文法を学ぶ時間のほうが多いのは、その流れから来ています。手探りでしていたことが、そのまま踏襲されてゆき、今に至っているのです。

其《そ》の位《くらい》に在《あ》らざれば、
其《そ》の政《まつりごと》を謀《はか》らず。

不バレ在《あら》ザ二其《そ》ノ位ニ一、
不レ謀ラ二其《そ》ノ政ヲ一。

中国人は政治に無言

◆政治的発言はタブー

【現代語訳】
老先生の教え。その地位にいるのでなければ、〔差し出がましく〕全体運営について口を挟《さしはさ》まない。

「謀る」という文字が出ました。普通「謀る」という文字を見ると「謀反・謀殺・謀計・謀略」など暗く怪しげな意味で考えますが、ここでの「謀る」は「考える」という程度の意味です。

「其の位に在ざれば」の「其の」の部分は、何かを具体的に指しているわけではなく、一般的な広い感じで何か或る仕事をすること、その役目ということを意味します。すなわち、立場としてその役目にいなければ、その仕事に口出しをするというようなことはしないという意味です。

それだけを見れば、この訳文にあるように、自分の役目でなければ黙っていなさいというように解釈されますが、これには理由があります。

どんな理由かと言いますと、今の中国もそういうところがありますが、中国では昔から普通の人々が政治に対して意見を言うのはタブーなのです。

今でも政治批判をすると、政府はその人をすぐ逮捕したり、あるいは、その人を軟禁したりします。昔から、政治を批判する人は許さないという流れがあるのです。今の日本では、人々が政府の悪口を平気で言っていますが、中国人からすると本当に信じがたいことでしょう。

ですから、中国人に対しては、政治の話をすると迷惑がられるので避けたほうがいいでしょう。私が大阪大学に在任中のとき、中国人の留学生がたくさん来ていましたが、私は、彼らに現代政治の問題を話すことは決してしませんでした。

彼らにとって迷惑になるからです。彼らも政治的な話をすると誰かに密告される危険性があって怖いので決して真実を話しません。その言論は、非常に制限されていますので、彼らはぎりぎりいっぱいのところの発言で生きています。

◆ことばの含み

しかし、そのぎりぎりいっぱいというところを、隠れたことばで表現しています。

例えば、「習近平は最高幹部である」という決まり文句があります。これを、「習近平は最後の幹部である」と表現するのです。最後ということばを使うことで、やがて失脚するであろうことを暗に表現しているのです。

それを指摘されると、すぐに「字の間違いでした」と訂正するのですが、間違えかたとしてはひどい間違いなので、意図的であることがすぐにわかります。共産主義政権下の現代中国では、そういう形でしか表現できないのです。

しかし、非常に親しくなってきて、相手のこの人は絶対に外には話を漏らさないと本当に確信したときには、真実・真相を率直に話してくれます。

そういう意味で、中国人と接するときには、あえて政治の話を出さないことが、彼らに対する礼儀だと思います。その意味では、中国は非常に難しい国なのです。

中国の職業学生とは

◈職業学生とは

中国語に、日本語と似ていますが、実はまったく違う意味のことばがあります。それは「職業学生」ということばです。

日本のいろいろな大学に、中国から留学生が来ていますが、その何人かは、「職業学生」と呼ばれている人々です。彼らが所属しているのは、中国の軍の情報関係部署なのです。もちろん、そこで訓練を受けてきています。

留学先の学校では、本名ではなく、別名で入学しています。その目的は、その大学に留学している中国人の学生が、何を考え、どういう行動をしているかということを調査し報告することです。

職業学生は相当数存在していて、彼らは、担当する学生の行動を気づかれないように観察し所属部署に報告しているのです。

職業学生同士も相手が職業学生かどうかお互いにそうだとはわかりません。この職業学生たちは優秀で、日本語学力も成績も優秀です。また人当りもよく、日本人教員は好感を持ちます。

彼らは、或る大学に在籍し、留学期間が終了しても、次は名前を変えて別の大学に行き、その大学におきまして職業学生としての役割を務めます。

◈職業学生は普通の国柄？

しかし、中国だけではなく、昔から見れば大分変わってきてはいますが、職業学生は台湾からも来ています。しかも、日本人には信じがたいことかもしれませんが、こういう情報活動は世界では普通のことなのです。

中国や台湾以外の国も同じようなことをしているであろうと私は思っています。ですから、逆に言えば、日本が特別なのだと思ったほうがいいでしょう。

そういう職業学生が入りやすい大学は、やはり大規模校です。例えば、日本で言えば東大などです。東大生は、一学年につき三千人ぐらいいますから全体ではその四倍の一万数千人です。大学院生は一学年二千人くらい、全部で一万人にはなるでしょう。両者を合わせると二万四、五千人でしょうか。

職業学生は、中国における留学生試験（国家試験）を突破しています。もちろん合否評価の方法は特別扱いでしょう。ですから、彼らが東大入学を希望しているという中国からの申し出があれば、枠組みを設けている日本は受け入れざるを得ません。

そこで、三年も四年も勉強をしていると、いろいろな意味で賢くなります。私はずっと後になって始めて、何人かが職業学生であったことを知りましたが、まず人柄がとてもいいのが特徴です。教員に好かれる人が職業学生として選ばれるのでしょう。

例に挙げた「其の位に在ざれば、其の政を謀らず」は、孔子自身の考えだと思われるかもしれません。しかし、今述べたように、中国では、それが当たり前のことになっているのです。

日本だけが特殊だと言ったのは、それぞれの国には触れてはならないタブーがあるのにそれを知らないということを言いたかったからです。アメリカやイギリスであれば、宗教批判でしょう。これは慎重にしなければなりません。日本人は不遠慮なところがありますので。

キリスト教やイスラム教の場合、自分の信ずる宗教のために命を捧げるという人がたくさんいますので、宗教への批判や罵倒はタブーになっているのです。日本では、宗教批判に関しましては、そうしたタブーがほとんどありません。それは、他国と比べて特殊であると言えましょう。それだけに、キリスト教やイスラム教への不必要な批判は、慎しむべきです。もちろん真《ま》っ当《とう》な批判はきちんとなすべきです。

老荘思想の実践は

◆儒教と老荘と

先ほど『論語』のA「道 同じからざれば、相《あい》為《ため》に謀《はか》らず」（本書135ページ）とB「其《そ》の位《くらい》に在《あら》ざれば、其《そ》の政《まつりごと》を謀《はか》らず」（本書141ページ）との二つの文を例に挙げてお話ししてきました。この二つの文を比べてみますと、違いがあります。

Bが政治を対象にしているのに対して、Aで話している内容には政治的な意味はなく、生きかたを表しているからです。生きかたが違うのであれば話し合わないと言っています。

実は、こうした孔子の考えかたと対立する人々がいました。後に老荘派と呼ばれる人々です。これらの人々は、あらゆる面で、孔子の考えかたや儒教の考えかたと正反対の考えかたをしていました。それは老荘思想と呼ばれるものです。

儒教の根底にあるのは、人間は動物であるから教育をして、人間らしい生きかたができるようにしなければならないという人為的な考えかたです。

一方、老荘思想では、そうした人為的な考えかたをすると、人間社会において序列ができて、人間に縦の関係（上下関係）ができてしまうとしています。その立場の根底にあります考えかたは、人間は横の関係（すべて横並び）であるというものです。

孔子ら儒教思想と、それに対立する老荘思想との両者には、あらゆる点で、考えかたの決定的な違いがあります。例えば、勉強です。儒教では、勉強をしなければならない、なぜならば、社会のことを知り、自分を鍛えて生きていくことが大切だという教えだからです。

一方、老荘思想は、いくら勉強しても、覚えられない人がいるのであるから、勉強などしないほうがいい、自然のままに生きてゆけばいいのだという教えです。すなわち、例えば山にこもり、人為的なものを排除し、自然の中に住む隠者になるのが優《すぐ》れた生きかただというわけです。

◆生きかたとは

しかし、勉強をすることも難しいことですが、自然のままに生きる生きかたも難しいものです。儒教と老荘思想との対立は、これからもずっとあり続けるでしょう。

第一、儒教を否定し、老荘思想で生きる場合は、相当の覚悟が要ることでしょう。現世での富《と》みを求めないわけですから、物乞《ものごい》に近い生活をいとわない覚悟が必要です。

例えば、吉田兼好の『徒然草《つれづれぐさ》』（第十一段）に次のような話が出ています。

山の中で（老荘思想風に）一人暮らしている老人がいました。たった一人で畑を耕しながら過ごしている老人を凄いと思いました。しかし、途中で嫌になりました。

なぜならば、動物が入って来ないように、畑の周りに囲いがしてあったからです。本当に自然のままにというならば、畑も囲いなどせずにそのままでいいのではないかと兼好は思ったわけです。

囲いというのは管理的・人為的で儒教的な考えです。老荘思想なら自然を重んじるわけですから動物除《よ》けの囲いなど不要のはずです。しかし、徹底して自然の中で自然として生きる一貫性はなかなか難しい。一つの考えかたを徹底するということは、とても難しいことであることがこの例でわかると思います。『徒然草』に書かれていることは、老荘思想でも儒教でも、どちらかに徹することがいかに難しいかということなのです。

事実、最終的には、深い山の中で一人生きてゆくことを自分から進んで定めたとした場合、すぐ困難なことが次々と現れてきます。例えば、日々の食物はどうするのですか、病気になったときはどうするのですか……と考えるだけで、とても普通の人間には無理でしょう。机上の空論に近いものがあります。

こんな話があります。老荘思想風に山の中で独り暮しを始めたところ、最初は良かったのですが、だんだん寂しくなってきました。その時、かさこそという音がしました。あ、誰かが来たと思って、すぐさま入口に行きましたが、誰もいません。枯葉の音だけでした、とさ。

入《い》りては則《すなわ》ち孝《こう》。

入《リテハ》則《チ》孝。

覚えやすい三文字一句

◆三文字で一句

『論語』の中の文を引きます。次のような文です。

入則孝、
出則悌。

入《い》りては則《すなわ》ち孝《こう》、
出《い》でては則《すなわ》ち悌《てい》たれ。

謹而信、　謹《つつし》みて(而)信《しん》、
汎愛衆、　汎《ひろ》く衆《しゅう》を愛《あい》し、
而親仁。　(而)しかして仁《じん》に親《ちか》づけ。

まず、この文章の「入則孝（入《い》りては則《すなわ》ち孝《こう》）」ということばに注目してください。三文字で一つの句ができています。その下の句もすべて三文字で一句です。この「三文字一句」は意図的に作られています。しぜんにできた文章ではありません。では、なぜこういう形に作られているのでしょうか。

前にも述べましたように、昔は、テキスト、ノートなどはなく、孔子の弟子たちは、講義あるいは会話の形で聞いて学んでいました。場所も教室と限られたものではなく、歩きながら、畑を耕しながらなど、学びの場はさまざまでした。

ですから、話をすることが、中心でした。すると話すことは、相手にできるだけ印象が強いほどいいわけです。否定の「不」を繰り返して強調したり、あるいは反語で印象を強くしたりする工夫をしたわけです。

この三文字一句もその工夫の一つです。話すときに区切りを入れると、聞いている人もわかりやすく聞けました。

この文章は、『論語』の中で、わかりやすく区切りがついているいい例です。一番まとまった形と言えます。おそらく、この区切りは、わかりやすくするために、孔子が意図的に三文字一句で話したものが、後にそのまま文字になったものと思います。

◆三文字のリズム感

なぜ三文字で一句というのがいいのでしょうか。それはまず、スピード感があることです。スピード感にはリズムがありますから、とても覚えやすくなります。

例えば、公衆トイレの個室で用を足していますとき、外からノックする人がいます。そのとき、①トントントン、②トントントントンの二種があります。それによって、そのノックする人がどこの国の人かすぐわかります。①は日本人、②は中国人です。スピードが目的ですからね。

リズム感がなく、だらだらと言われましたら、誰だって覚えることができません。

若い人たちが、新しい楽曲をすぐに覚えるのも、リズム感が記憶させているからでしょう。

逆に、昔の歌、私の世代の歌、懐かしのメロディーなどは、若者が聴けば、どれも同じ歌に聞こえるかもしれません。それはおそらく、昔の歌は、リズムよりも歌詞を重んじていたからでしょう。私に言わせれば、今日の若者の音楽は、リズム感を重んじるあまり、歌詞がいい加減になっているように思います。

例えば、ある最近の曲を聴いていましたら、「日本は遠い島国」と歌っています。それはどこから見て遠い国ということなのでしょう。わかりません。さらに、発音がはっきりしないので、日本人が日本の歌を歌っているのに、何を言っているのかわかりません。さらにそこに、いきなり「Yes I know」と歌っているのを聴いていますと、何が言いたいのかまったくわからなくなります。

〈わからない〉の連続で驚きましたが、ああいう曲は歌詞ではなくて、リズムで歌っているということなのだと思って納得し、その厚かましさにむしろ感心しました。私は日本の国語と今の若者が作っている歌詞との関係が面白いと思いました。

若者の作っている歌が今の国語の感覚なのでしょう。ああいうものから、やがては、いろいろと外国語まじりの新しい国語の型が出てくるのかもしれません。

もっとも、小池百合子現東京都知事の記者団との会見時、知事からカタカナ語が多く出てきますが、どう聞いても日本語の中で生き残れるとは思えず、そういう独《ひと》り善《よ》がりの造語はまだまだという感を否めません。

『三字経』も読まれた

◆覚えやすい教科書

本書の153ページに挙げました「入則孝」で始まる文章ですが、これは、かなり無理をしている文章の感じです。

最初の「入りては則ち」とわざわざ「則ち」と言っています。次の第二句も、「則ち」を使っています。第三句は「而」という文字をわざわざ使っています。第四句は、それぞれ意味のある漢字をそのまま使っています。最後は、出だしから、「而」という文字を使っています。

これはわざわざ形を整えた、或る意味では不自然な文章です。しかし、聞く側にとっては、しぜんに耳に入ります。リズム感を出して覚えやすくするために、あえてこういう形にしたのでしょう。

一句三文字で短く、軽い調子で描かれていますので、昔から今に至るまで、中国では、この形が幼少年用のテキストとしてよく使われてきました。この三文字一句で文章を書く形で作られた初等教科書が有名な『三字経《さんじけい》』です。その書き出しのところを挙げます。

人之初、性本善。性相近、習相遠（人の初《はじ》め、性は本《もと》善なり。性相《あい》近く、習《なら》い相《あい》遠し）

これは「三文字一句」ではありますが、やや重たい文です。なぜならば、先ほどの例のように意味の乏しい「則・而」といった漢字ではなく、一字一字に意味のある漢字を多く使っているからです。

◈覚えやすい『三字経』

『三字経』の文章は、一文が三字一句でできていますから口調が良く覚えやすいので、子ども用のテキストとして大ヒットしました。また中身は『論語』のことばをはじめとして、儒教の大切な文献の内に書かれているものを使っており、この『三字経』を勉強すると儒教の大事なところをしぜんと学べるようになっています。

このようにとても便利だったため、『三字経』は、旧中国においても、日本の江戸時代においても、ずっとベストセラーでした。日本では工夫をして、日本風の『三字経』を作っています。例えば、『三字経』は、生け花や茶道にも適用されています。

例えば、「天地人」です。この三文字は、天と地との間に人がいるとして、全世界を表しています。

華《はな》（生け花）を活《い》けますとき、「天地人」の三点に沿って表現します。ですから、「天地人」という視点で生け花を見ると、全体の構想とその表現とがわかります。その生け花を鑑賞するとき、この生け花の作者は、〈地〉に力を入れているのか、〈天〉に力を入れているのかがわかるのです。もっとも、最近の生け花は、この基本が崩れて、なにやら洋風になってきていますが。

また茶道の所作にも、同じく『三字経』があって、リズム感が感じられます。とはいえ、道具のことまでわかる必要はありません。日ごろは安物の茶碗を使っている我々が、お茶を一年や二年習っても、茶碗の作者の事までわかるはずはありません。ですから、決まり文句の「結構なものでございます」の一言でいいのですよ。

『三字経』の視点で見ると、いろいろな発見があると思います。その他、日本には相撲取りの『三字経』などもあります。上手投げなどたくさんの技がありますが、それもしっかり『三字経』にしています。そうすれば、子どもが相撲で遊ぶときに投げかたを覚えられるというわけです。

『三字経』は、中国でも日本でもいろいろな方面の教科書のタイトルとなって作られてゆきました。その元が、いま私たちが読んでいる「入りては則ち孝」に始まる『論語』の「三文字一句」の文であったと言えましょう。

「即」と「則」との違い

◆家に入るとき

これまで、三文字一句という句作り、聞きやすい解《わか》りやすい文の形について説明してきましたが、ここで文の内容に入ることにしましょう。

「入《い》りては則《すなわ》ち孝《こう》」の「入りては」とは、「孝」の文字から、生まれ出てくる風景としては、「家に入る」ということで、この箇所には、「自分の家に入った（あるいは「帰った」）ときには」という意味がこめられています。

「入」という漢字一字では、ただ入るというだけの意味ですが、後に続くことばから、自分の家に入るという意味に限定されました。

家に入っても必ず親孝行するかどうかはわかりませんが、「入則孝」とあり、「入」と「孝」との間に「則《すなわ》ち」ということばがあります。この「則」という字が二つの文字を結んでいて、「家の中に入ったら必ず（きっと）孝行をする」という意味になります。

「すなわち」という意味の漢字はいくつかありますが、よく使われるものとして、「則」と「即」とがあります。「即」は、「即答」とか「即座に」などのように、「ただちに」という意味がこめられています。

一方、「則」にはどんな意味がこめられているのでしょうか。それを理解するために、もし「則」を取ってみると、どうでしょうか。「入孝」です。すなわちそのまま訳しましたら「家に入ったら親に孝」、どちらかと言えば、客観的な事実を示すような一般論の感じです。

◆必ずという「則」

しかし、そういう一般論ではなくて、「A則B」という文の場合は、「AであればきっとBとなる」という感じなのです。ですから、「入則孝」ですと、「家に入ったら、必ず（則）孝を行う」という感じになります。「結果として必ずそうなる」というニュアンスが「則」字にあるのです。

例えば、家の中に入ったとき、疲れた感じで父親が座っているとしましょう。そのとき、父親に対する優しさから、「当然に」肩をもんであげるのではないでしょうか。人間の情として「当然に」してあげたくなるときに「則」となるのです。

親と子との間には、こうしたしぜんな感情があり、家に入って親に対して孝行する気持ちを持って、肩をもんであげるということです。人の情として結果としてきっとこうなるという意味があるとき、「則ち」を使うのです。

「即」は事情に関係なく「ただちに」とすぐに結果を出す感じですが、「則」は条件として「……であれば必ず――となる」という意味です。もっとも、もっとつっこんで考えますと、この文は、「入りては則ち……」、「出でては則ち……」とそれぞれ区別しているわけでもあります。そういう判断もまた可能です。

孝と共同体と

◆共同体の中の「孝」

親孝行の「孝」ということばは実は誤解されています。もし若者に親孝行とはと尋ねますと、或る人は「親に恩返しをすること」と答えました。それも単純に家事を手伝うといったことのようです。

しかし、この孝が、共同体それも農業共同体で生まれてきたことが最も重要なところです。この共同体は、人類が集団生活をしてきた中で、最も重んじてきた組織です。しかも今も昔も、この共同体の根本に在るものは血縁です。

特に昔は、血縁で繫《つな》がった共同体は、人間が集団生活をする上での中心的な考えかたというより、毎日の生活そのものが血縁者中心の集団であり、誰もが実感として持っていたものです。

彼らを守ってくれるものは、共同体でした。人間も動物も、自分を守ってくれるものを求めますが、最後に頼るのは必ず共同体——家族共同体、一族共同体、血縁共同体でした。この共同体の中に在ることで身を守っていました。それは、一族しか頼りにならず、他は敵とみなしていたからです。そういう意味で、無償の孝が存在する一族の団結は、共同体の基本の基本なのです。

◆出て行く先は「共同体」の外

話を少しもどして、先ほど引きました『論語』を見てみましょう。「出《い》でては則《すなわ》ち悌《てい》たれ」とありますが、「出る」とはどこから出るのでしょうか。これは「家から出る」という意味です。

『論語』は、或る程度の社会的な地位を持った人によってまとめられたものなので、その場合の家は、下の図を御覧ください。基本的に庭《てい》や門があり、堂において儀式ができる家です。

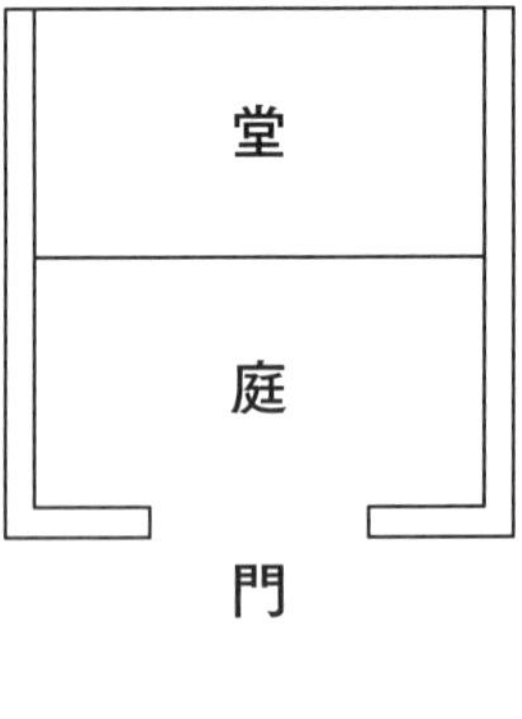

建物や壁で完全にまわりから遮断されていましたし、庭は植木を植えているところではなく、農作業をしたり、儀式をしたりするところでした。

中国の家はそういう家で、いわば一つの独立した〈城〉でした。「出ては」は、こういう家を出ていくという意味です。厳密に言えば、「家」とはその一族の代々の祖先の霊を祭る廟《みたまや》で、この家を中心にして周囲にその一族が住んでいたのです。「家」字の中の「豕」は、新しい資料では「犬」であり、廟を建てるときに行うその地の神への地鎮祭のときの犠牲としての犬であったようです（白川静説）。その内に、住まいとしての家という意味となりました。しかし、この〈家〉には、なにかしら〈神聖なもの〉という語感があることは否めません。これは、日本人においても同様です。事実、神棚・仏壇が家にあるのですから。

この「城」の形や意味が拡大されますと、広域となり、人々の住む街となり、現代中国語にもそのことばが残っています。例えば「城市」、これは都市のこと。その対応語は「郷村」。

「悌」ということばは目上の人に対して従うという意味です。これは社会性です。兄弟という意味もありますが、元来は目上の人に従うということを指します。

そうしますと、従うことばかりに見えますが、そういう単純な意味ではありません。共同体、それも血縁共同体のルールとして教えているのです。好むと好まざるとにかかわらず、中国（延《ひ》いては日本も）という、家族（一族）共同体が中心となってできている社会の中で成長し生活してゆくためのルールの基礎という意味です。

家族主義の弱体化

◆原始時代から続く家族主義

前出の『阿部一族』の物語に見えるような一族主義（家族主義）は、明治時代にいわゆる欧米流近代化をしていくにつれて、欧米の個人主義が入ってきて、しだいに希薄になっていきました。

その欧米流近代化を実現するために、日本が鉄道などさまざまな〈文明〉を欧米から導入していくうちに、日本人は、日本の家族主義よりも、欧米の個人主義の〈文化〉が優れていると勘違いしてしまったのです。本来は、物質的文明の導入は良いとしても、精神的文化の物まねの必要まではなかったのですが、文明も文化もごちゃまぜでいっしょにすべて物まねしようとしていったのです。

特に、戦後のこの七十五年は、その動きが高まって徹底的に個人主義の考えかたに日本は染まってゆきました。とはいえ、家族主義はそう簡単に消えるものではありません。明治になってから今日まで、百五十年を越えましたが、家族主義は、人が裸で駆け回っていた原始時代から根付いている血縁共同体であり、そう簡単に消えるものではないのです。それをひたすら消そうとしている人々がおり、明治初期の欧米流そのままに、欧米流近代化を今だに最高と勘ちがいして、その推進を図っているところに日本の悲劇があります。

中国の場合、今は共産主義国家になりましたが、中国人の心の中で生きているのは、やはり一族主義です。日本の近代化と違って、中国の場合は、家族共同体をずっと守り続けました。今も現実には生きています。

逆に守り続けているからこそ、今も生きています。中国人にとっては、観念では社会主義国家と言いながら、実態としては社会主義国家よりも一族の方が大切なのです。よく見てください。中国におけるほとんどの政争の背後には一族対一族という構図があるではありませんか。

◆家族を頼らなくなった日本人

ところが日本では、明治初期以来、個人主義第一の説に惑わされてきており、かと言って、真の独立的個人主義者は生まれず、すなわち自立するのではなくて、利益第一の利己主義者の氾濫となってきているのが現実。ですから、一人ひとりが頼る一族がなくなり、今は一族の代替として、皆が国家や社会にぶら下がろうとしています。

例えば、多くの日本人が、老後の生活や病気になったときの対策を自分で考えずに、国が、社会がすべて面倒をみて当たり前と思っています。

さらに嘆かわしいことに、子どもの面倒まで社会が見るべきと考える人まで増えています。つまりは、家族主義というものがまったくわかっていない人々ばかりになったということでしょう。

現代人が、国や社会に頼ろうとするのは、日本の伝統的な血縁共同体という、日本人に合うものを忘れてしまった結果、他に頼るものがなくなってしまったからです。

その大きな原因はキリスト教が徹底的に家族主義を潰したことにあります。彼《か》の社会においては、個人の上に唯一絶対神の神がいらっしゃいます。その神の下に、個人でばらばらの人間がいるという考えかたを築いてきました。イスラム社会も同じです。

インドはどうでしょうか。インド人は、自分以外は無関係という考えかたを貫いています。インドの人々は、国家も一族も信用しません。何も信用せず、生まれたときから〈無〉です。誰にも頼らないし、お葬式も形ばかりで、人が亡くなったらガンジス川のほとりで焼き、川に棄てるだけです。或る意味では凄い国だと思います。

我々東北アジアの中国、朝鮮半島、日本、台湾、ベトナム北部等は儒教文化圏です。儒教文化圏は、血縁を一番大切にしています。中でも、今も中国が一番大切にしています。韓国もそうだったのですが、最近は急速な近代化につれて、なぜかキリスト教徒が増え、儒教文化が少し変わってきています。

日本が置かれている悲劇は、家族主義が崩壊しつつあることにあります。日本は、時間的には（実は表面だけの薄っぺらい理解の下の）欧米流近代化の始まりが中国や韓国よりも早く、また第二次大戦敗戦後のアメリカ第一としてきた文化変容とともに、家族（一族）主義を追いはらい、できもしない個人主義教育をしてゆくなかで、結局は個人主義（自立・自律・自己責任）は実《みの》らず、個人主義とは似ても非なる利己主義者教育となり、今日のように、〈利己主義第一〉の社会となってきているのです。これを危機と言わずしておれましょうか。

日本ならびに日本人のこれからの最大問題なのです。生活の豊かさなど、二の次と考えるべきでありましょう。

明治維新のころの欧米強国の物真似をしなければならなかったころと今とは違うのです。日本人は、長い自国の歴史、そして日本人というすぐれた民族の誇りを今こそしっかりと意識すべきです。

個人主義と利己主義と

◆個人主義と家族主義との混在

家族主義と個人主義とは、実は対立する概念ではありません。間違えていただきたくないことは、「個人主義」の「個人」の意味が、ばらばらの数を示す意味での「個人」ではないということです。「個人主義」の個人は、一人ひとりがきちんと自律し自立した、そして自己責任の下に生きる人間であるということです。

個人主義教育とは、そういう人間を作ることを言います。前に述べましたように、ただ勝手に「一人で生きていきます」という無責任な生きかたは個人主義ではなく、ただの利己主義です。

そういう意味で、個人主義というのは、一人ひとりが責任を持って、自分を律し自立するということです。しかし、自分で自分を律するということは、とても難しいことです。自律する以上は、最終的には、親も学校も当てにせず、自分の力で生きていくことだからです。

こうした個人主義は、アメリカ社会に典型的に表れていますが、それを突《つ》き詰《つ》めますと、極端な能力主義になってしまう危険性があります。最後に頼れるものは、自分の能力しかないからです。つまり、個人主義を徹底すると能力主義になってしまうということです。

能力主義社会（アメリカがその典型）では、能力がない者は脱落者になります。ところが、日本社会の場合は、能力がない者に対して、はっきりとそうとは言いません。日本では、「能力がない者は救いましょう」と言っています。

この救いましょうというのは、何のことはない、共同体的な感覚です。というわけで、日本社会は共同体感覚と個人主義とが無原則に混在していますため、統一性がなく、あちらこちらに矛盾が生じています。

こうした社会では、共同体の力が弱まり、助けにはならなくなってきています。そこで、社会的救助要請、つまりは国家に面倒を見てもらいたいという声が高まってきています。となりますと巨額のお金がかかるようになります。近い将来、国が社会保障を担保するために、国民は収入の半分以上の税金を納めなければならなくなるかもしれません。

◆北欧の社会保障

一方、世界には税金を収入の五割納めても不満が出ず、運営できている国家もあります。スウェーデンやフィンランドなどです。多額の税金のおかげで社会保障はしっかりできているといいます。

なぜ、これらの国では社会保障が十分できるだけの税金を納めさせて、国民から不満が出ないのでしょうか。それは歴史があるからです。

スウェーデンもフィンランドもとても貧しい地域です。あるのは木材ぐらいです。しかし、木材があっても、それを運ぶ手段がありませんでした。

どのようにして、この窮地を脱しようとしたでしょうか。それは海賊になることでした。海賊になるには船がたくさん必要でしたが、木材が豊富だったので、船をたくさん造り、周囲の国から財産を強奪して暮らしを立てていたのです。もっとも、その間《あいだ》、間《あいだ》には商業貿易もしていました。貿易商人兼海賊というところです。

船を作るにはお金が必要ですが、皆で出資し合うことで賄い、儲けた分を出資の割合で分配し（すなわち配当）、残った分は、海外へ出ている間、共同生活している老人や女性・子どもの費用にあてました。

一種の社会保障です。これが、会社の原型になりました。会社は、株主がいて出資し、その後に出た利益の分だけ支払う形を取りました。こうして、会社のシステムや社会保障の観念が生まれたのです。

船は一度航海して、海賊行為などをして帰ってくるとボロボロになっています。ですから、その船は、毎回、遠くの海上で焼きはらって潰していました。目的を達し、用事が終わったら、会社は潰してしまうのです。この処理感覚が、今も生きており、それが会社に対する彼らの感覚となっているのです。

因みに、北欧の社会保障制度を一部の日本人は絶賛していますが、その内容を本当に理解しているのでしょうか。例えば、高齢の老人の場合、困難で費用のかかる手術をするかどうかは、或る委員会に審議してもらい、手術の許可を得なくては、手術できません。その手術の費用が大きい場合、その老人患者に対してその手術をする意味があるのかどうかを医学的・経済的観点から議論し、決定します。すなわち自分たちが準備できる費用への効果によって決定するので、赤字医療にならないようにするのが原則です。

そういうことも知らず、北欧の社会保障を絶賛する愚かな日本人が絶えません。日本では、どれだけ費用がかかっても誰でも医療保険ですが。

◆日本人に個人主義は合わない

欧米人と日本人とは感覚や歴史がまったく違うのです。そのまったく違う日本へ個人主義を導入しても、今までの共同体の体制をすべて忘れて切り捨てることはできません。結局すべてが中途半端になるだけです。

家族主義が残った状態で能力主義を求めるとしますと、数々の矛盾が生じます。その最たるものが学校教育です。学校は、「みんな仲良く」と言いますが、それは建前で、社会に出れば、他人より早く上位になりたい能力主義がはびこっていて、「みんな仲良く」と教えられたこととの矛盾が生じるでしょう。

能力主義と家族主義との両方が仲良くというのには、無理があります。

例えば、昔の田植えは、皆で歌を歌いながら同時に植えてゆかなければなりません。一人だけがどんどん進めてしまう能力主義では田植えはできません。数千年歌いながらの田植えをしてきた日本人に、能力主義は合いません。となりますと、日本では、個人主義は上手くいかないだろうと思います。

◆『論語』は東北アジアに共通

『論語』という書は、今から約二千五百年前の中国に生きていた人たちのさまざまな話を集めたものです。そうしますと「それは単に古い時代の物語ではないか」と思う人もいることでしょう。

しかし、その『論語』は二千五百年の間ずっと読み継がれてきたのです。今もよく読まれています。内容的に、十分に今日と通ずるものがあるからです。

もっとも、「この書は中国人の話だから、中国人の思想ではないか」と言う人もいるかもしれません。

たしかにそうなのですが、『論語』が生まれてから、長い年月をかけ、不要なものが削り取られ、今日にまで残っているのです。ですからこれは、中国人だけのものというより、『論語』が広がった地域、東北アジア全体に共通したものとなっていると考えるべきです。

『新約聖書』も、元来はユダヤ教徒だったイエス・キリストが説き起こした一部の民族の話だったのですが、今はあまねく広がって、世界中のさまざまな民族が読んでいます。それと同じことなのです。

ですから、『論語』の中に書かれていることは、中国人の考えかたと限定しないで、広く東北アジアの人々の基本的なものと考えることが肝要です。

3

『論語』で見ると違ってくる世界

上手に叱る才能

◈誰でも才能はある

人には思わぬ才能があるものです。例えば、先だってテレビを観ていましたら、文庫本のカバーを紹介している人がいました。それは、ただのブックカバーではなく、カバーに取っ手をつけて小さな袋状にし、ぶら下げられるようにしたものです。

そうすると、本を普通に手で持って歩くよりは、指に引っ掛けて持ち運《はこ》べますし、なにより格好いいのです。女性が作っているので、花柄で非常におしゃれです。作りかたも見ましたが、とても簡単です。

余っている布切れに対して、内側になるところに固い紙を貼り付けます。あとは形を整えて、取っ手をつけるだけです。それで凄くしゃれた感じに作れます。

これは、私にはとても思いつかないものでした。私はそういう才能はゼロなので、これは完全にその人の才能だと思いました。人には必ず、何かしらの才能があるものです。何かいいことを思いつきましたならば、どんどん挑戦してみることが肝要でしょう。己れの本当の才能を見つけるには十年かかると思って。

◆「罵倒」ではない悪口

実は、私にも人には絶対負けない才能があります。お前にはお笑いの才能があると言ってくださった人もいますが、私がこれだけは人に絶対に負けないと白負していますオ能は、人の悪口を言うことです。これは誰にも負けません。

ただし、悪口と言っても、アホとかバカとかと言うだけでは悪口になりません。それは、相手をただ罵倒しているだけだからです。悪口というのは、相手の一番の弱点を、そのものをズバリ言わないで、からかって言いたいことを言うことです。

悪口と罵倒とは違うのです。悪口とは、相手が納得せざるを得ないことを言うことです。つまり、悪口には愛情がこもっているのです。と言うよりも、愛情がこもっているからこそ悪口になるのです。

罵倒は限られたことばで、何度も同じことばを繰り返すだけです。ですから相手の心には何も残りません。しかし、独自のことばで心の中に分け入って来られれば、印象に残ります。

私が、最初にそれを感じたのは、高校生のときです。高校時代、怖い英語の先生がいました。この英語の先生は人を叱るのが上手で、今でも印象に残っています。

英語の先生だったので、授業中に生徒に英文を訳させます。「加地、これを訳してみなさい」と生徒に振ってきます。しかし、その個所あたりは、まだ授業で習っていないところで、難しくてわからなかったので、私は「わかりません」と答えました。すると、その先生は「そんなことでどうする？　加地ともあろう者が。はい、次〔の者〕」と言いました。

このとき、私の心の中では、「加地ともあろう者が」という先生のことばが凄く嬉しかったのです。この先生は、私をしっかり評価してくださっていると思うと、叱られているのに褒めてもらっていると感じました。

皆の前では叱られていますが、本人にとっては嬉しい、なんだかふんわりとした気持ちになったのです。こういう叱りかたを高校生のときに初めて受けて、とても感銘を受けました。

将来必ず、こういう風な叱りかたをしようと思ったのですが、今まで一度もそういうことはありませんでした。やはり、あの先生のお人柄があるからできるものだと思いました。そういうことを言える人が言うと活きることばなのです。人間にはその人に相応の言いかたというものがあるようです。

もちろん、叱ることの反対、すなわち褒めることも大切です。褒めてもらって嬉しくない人はいません。我々老人は、残り少ない人生を人を褒めて暮しましょう。大丈夫、人を褒めて、得をすることはありましても、損をすることはありません。その褒める第一歩は、自分の近くにいる人、奥さん、子ども、誰でもいいではありませんか。もっともどうしようもない人には、褒める価値はありませんが。

ことばの意味は変わる

◆ローマ字入りの文章

前章で、今の若者が歌う歌と、我々高齢者世代が聴いてきた歌の相違点をお話ししましたが、それは今の若者の国語の感覚が違ってきているということでしょう。ここからやがて、新しい国語が出てくるのかもしれません。

その一つの証拠に、略語をローマ字の頭文字をとって表すことがあります。これが当たり前になると、やがてそれが国語として認識されるようになる可能性があります。

例えば、明治の初めの頃は、西洋のことばをそのまま発音していました。そして、印刷して文字になったときは、文字の横にその訳語をつけることもありました。

その発音を示す文字はすべて漢字で書かれていたのです。例えば、重さの「瓦蘭《グラ》姆《ム》」から「瓦《グラム》」、また通貨単位の「馬克《マルク》」から「マルク」へ。人名では「伊蘇普《イソップ》」「安《アン》得仙《デルセン》」「基督《キリスト》」「古論武士《コロンブス》」「蕭邦《ショパン》」等。しかし、その次の時代には、その音を表すカタカナが使われるようになり、そして今のように、海外のことばをもう日本語にせず、その発音のままカタカナで書くようになったのです。

こうして、カタカナで書かれていても意味がわかるので、その訳語が書かれなくなってきています。わずか百年ほどで、これほど変わったということです。

ですから、これから百年後には、いろいろな文字入りの文章が当たり前になるかもしれません。私は、そういう可能性があると思います。時代に従って変わる以上、先ほどお話ししました略語も、私は悪いとは思っていません。

大人はよく、若者の略語を聞いて非難しますが、果たしてそういう本人は、しっかりとした国語を話しているのでしょうか。実は、ほとんどの人は、怪しげで曖昧なことばを使っています。

◆「笑止」は厳粛な態度

例えば、「笑止」ということばがあります。

これは、「あなたの言うことはバカバカしすぎて笑いが止まらない」という意味で使っていますが、今はもう死語となっていまして、よほど年配の人でなければ使いません。しかし、さらに遡ると、実は、このことばの意味はまったく違うのです。

このことばは、文字通り、笑いを止める場面、非常に厳粛な場面を表していました。例えば、厳粛であるべきときに、雑談などが始まったとしましたなら、誰かが「笑止」と言って笑いを止め、厳粛な場にしたのです。つまり、厳粛な場面で笑ってはいけませんという意味で使われていたのです。

それがいつのまにか、笑いが止まらないという逆の意味で使われるようになりました。ことばは、このように逆転することがあります。ことばは怖いのです。

◆「やばい」の本来の意味

最近の例では「やばい」ということばがあります。本来は「危ない」とか「失敗した」など、まずいことが起こったときに使います。ところが、最近は、「凄い」「すばらしい」など、褒めことばとして使われることがあります。

これは大変化です。意味がまったく正反対になっていますが、皆が使っている内に、それが当たり前になってしまったのでしょう。

初めのころは使いかたを間違っていると言う人もいますが、皆が新しい意味で使い始めると、かえって、本来の意味で使うほうがおかしいと思われるようになってしまう可能性も否定できません。

私は「やばい」ということばを聞いたとき、その語感はわかりませんでした。この語は関東のことばで、関西では使われていませんでしたからです。

語源としては、実はもともとやくざが使っていたことばです。やくざ同士の中で相手を刺してこいなど、怖い話があります。そういう危ない状況をやばいと表現していました。

こういう風にやくざが使っていた特殊な関東のことばが一般に使われるようになり、どんどん広がっていったのです。

「鳥肌が立つ」もそうです。鳥肌は、羽をむしったあとの鳥の皮膚のことで、残った毛根がぶつぶつとあわ立っているような様子を言います。ですから、「皮膚があわ立つような恐怖に見舞われた」というときなどに、「鳥肌が立つほど恐ろしかった」という具合に使われてきました。

ところが、最近は、「ものすごく感動した」というときに使われるようになっているようです。そういう使いかた、私はどうしてもついてゆけませんが、これからは、もうそれが普通の使いかたになることでしょう。

このように、ことばは流行によって変わっていくのです。

個人主義の欧米と家族主義のアジアと

◆個人主義と家族主義と

前に述べましたように、個人主義は決して利己主義ではありません。ですから、これが徹底しているヨーロッパを決して否定するものではありません。しかし、私個人の立場は、やはり個人主義者ではなくて、家族主義者です。

欧米のキリスト教文化圏と儒教文化圏との大きな違いは、どちらが正しいとか古いとかということではなく、欧米が個人主義であるのに対して、儒教文化圏は家族主義だということです。儒教文化圏では血のつながりを大事にします。

我々アジア人は家族主義でずっときました。欧米の人は個人主義でずっときました。たまたま、欧米人が近世・近代という世界の或《あ》る時期に力を持ったため、全世界に欧米のありかたを広め、個人主義が家族主義よりも上であるかのような形になってしまったのです。

ここに悲劇があります。我々アジア人はあくまで家族主義であり、これは、生理的、感覚的なものですから感覚や考えかたにおいてそれが抜けません。形の上でもなかなか抜けないのです。

繰り返すようですがもう一度言います。個人主義は、ヨーロッパの思想であり、我々アジアの思想は家族主義です。これはもう感覚の問題ですから、理屈ではないのです。

ところが、戦後の日本は、個人主義のほうが新しくて正しいとして、学校でも家族主義を否定する傾向にあります。

要するに、個人主義は狩猟民族の思想であり、家族主義は農耕民族のものです。我々は農耕民族です。ですから、個人主義は合わないのです。

◆日本人の体型

そういう歴史ですから、我々は、我々の足の短さを誇るべきでしょう。なぜならば、農業は、重心が低いほうがその労働によく適しています。腰が高くては鍬《くわ》を振《ふる》う農耕はできません。日本の農業が優秀なのは、（今日の機械化農業は別として）日本人が鍬を打ち振る農業に適した体型をしていたからです。

しかも、アジアの農業は米が中心で、欧米の農業の中心が小麦であることに注目してください。驚くべきことに、一本の稲と、一本の小麦との生産量の間には大きな違いがあります。一本の稲からは千粒くらいの米が収穫できるのに、一本の小麦からは平均三百粒しか収穫できません。

これは長年苦労して、いい米を作ってきたからです。三百粒と千粒との違いは大きく、耕地面積の広さなど問題にならないでしょう。

ですから、欧米と我々とでは、ただ違いがあるというだけのことであって、上下の関係はまったくないということをしっかりと認識すべきなのです。

ただし、明治時代は違いました。なにがなんでも欧米がすぐれているという前提でありましたため、歴史性は無視して、ひたすら欧米の文化がすぐれているとして、その物まねに集中していたからです。大いなる誤解です。

『論語』を広めよう

◆学びつつ教える

私は中国思想研究者として、長年『論語』を始めとする中国古典に関わってきましたが、今思うことは、『論語』を学ぶ側も『論語』を教えるという立場に立っていただきたいということです。

学ぶだけでは、気楽な気持ちになり、聞いても右から左に抜けていくだけです。しかし、教える立場となれば、本気になってしっかりと勉強しなければなりません。したがって、受け止めかたも読みかたも、自ずから違ってきます。

ですから、私は、『論語』を教える人を増やすための工夫をしています。そのことを、平成二十七（二〇一五）年に出版した『論語のこころ』の「おわりに」に次のように記しました。

「（『論語』を広めたいという）そうした気持ちと響き合ってか、初心に帰って今秋からBSフジテレビにおいて『論語』の講義をすることとなった。人生最後の公開講義となるであろう」と。

この講義は、フジテレビの子会社でBSのフジテレビKIDSという会社（同社は、現在は存在しません）の提案によって始められました。そこでは、就学前の子どもを対象とするテレビ番組を作っていました。

その会社が、幼稚園児よりもう少し学年が上である小学一、二年生に呼びかけをしたいということで、私に相談がありました。そこで、その年齢層を対象として何かできないかと考え思いついたのが論語教育だったのです。

◆「論語指導士」という資格

『論語』は、かつて小さな子どもも読んでいました。そこで、『論語』を読む年齢層が少々行き来しても大丈夫ではないかということになり、私が一度、実験的にしてみたいということになったのです。

そして実験をいろいろとしながら、私は、どういう反応があったかを調べました。

その結果、次のような考えに至ったのです。

『論語』を教えるといっても限界があります。ですから、さらに広げるためには、『論語』を我々が人々に直接教えるというより、『論語』を教える人を養成することにしたのです。そこで、「論語指導士」という民間資格を出そうということになり、その養成をインターネットですることにしました。

講座の動画は、毎回十六〜十八分と短くし、私がすべての講義を担当して、二十四回で修了ということにしました。論語教育普及機構（一般社団法人）のホームページを開けば、その論語指導士養成講座の講義映像を見ることができます。無料なのでぜひ受講してください。

その講義を学習した後、同機構が主宰する試験を受けていただき、その合格者に「論語指導士」という資格を認定するというシステムです。

論語指導士の資格を取られた方が教える場所は、自分の家のリビングルームが最適かと思います。例えば、毎週ですが、月曜は幼児クラス、水曜は小学生クラス、金曜は老人クラスとしましょう。各クラスは月に四回で各一時間。参加者数や資料費をいくらにするかは、諸事情によって決めればいいと思います。仮に、全受講者を二十人としましょう。資料費を月に千五百円としましたら、月に計三万円前後の収入となりましょう。投下資本は、白板一脚分ぐらいです。自宅のリビングルームが教室ですので、交通費等一切が不要です。収入額は多くはありませんが、幼少年と接して元気をもらい、高齢者と人生を語り合うのは健康に良いと思っております。

こうしたシステムですので、『論語』を勉強するならば、自分も教える立場になる、という気持ちで勉強されてみてはいかがでしょうか。

さらに私には、将来、「論語指導士」の上に、より専門的なことを学んだ人のための「論語教育士」を作る夢があります。世の『論語』の一般講座を見ると、素人の講師が、間違ったことを教えていることがよくあり、それを正したいと思うからです。

心からの希望を述べますと、定年退職後の方々に対して、どうか論語指導士として活躍していただきたいと願っております。

山中伸弥氏と対談

◆iPS細胞

論語指導士の開設後、フジテレビKIDSから、意外な提案を受けました。『論語』以外のことで皆が興味を持つものとして、日本で人々によく知られている方と私とが対談するというものでした。

そこで、私は、まず第一に対談の相手として、医学者であり、京都大学iPS細胞研究所所長の山中伸弥教授を希望しました。山中氏はiPS細胞に基づいて、最終的には心臓や腎臓などの臓器を作ることを研究しています。

そのiPS細胞は、最初は皮膚から取っていましたが、今は血液から取れるそうです。血液の中の細胞を使って或る処理をすると、iPS細胞になります。そのiPS細胞を誘導して、皮膚や骨、心臓などを作ります。それを移植するのです。

他人の臓器だったら、異物として体が拒否します。ですから、移植後、安全のため一定量の薬をずっと飲み続けなければなりません。しかし、iPS細胞は、同一人間の細胞から臓器を作りますので、あるいはまた血を共有する一族の人からの提供ですので拒否反応がほとんどありません。

◆臓器提供の将来

臓器移植は素晴らしい技術ですが、臓器の提供者が少ないのです。あったとしましても、血縁関係のない人だと拒否反応が出ます。かと言って、血のつながりのある親戚からもらうのも、なかなか難しいものがあります。

また一般に、臓器提供は五十五歳までという制約がありますので、例えば高齢の私は提供できません。悲しい出来事ですが、例えば、交通事故で脳を挫傷して亡くなられた方の諸臓器は、全国で臓器移植を待っている方に届けられています。臓器提供というのはなかなか難しい問題があります。

しかし、山中氏が研究をしておられるiPS細胞ができれば、そうした難しさがなくなり、完全な臓器移植になります。神戸市立の或る病院ではすでに網膜で成功しています。これからその諸成果は、他の臓器にも適用されてゆくことでしょう。各大学の医学部では激しい研究競争をしていますが、その中心が京都大学iPS細胞研究所です。建物も始めは一つでしたが、今は第3研究棟まで創っています。

この研究は国家からのバックアップを受けています。国家は、日本をiPS細胞研究の中心にしたいのでしょう。実際に全世界から研究者が来ています。山中氏はそのリーダーとしても全体を指揮し、誠実に偉大な仕事をしておられます。

『論語』とｉＰＳ細胞との一致点

◆遺体とは何か

ではなぜ、私と山中氏とが対談することになったのでしょうか。ただ単に有名人と対談したかったわけではなく、私には、ある目算がありました。

実は、山中氏の仕事と『論語』とはドッキングできるのです。私の著書『論語のこころ』の中に、人間の死について書いた箇所があります。その233ページの5行目にこうあります。「当然、親の身体は祖父母の遺体である」と。

これは自分の体は親の亡骸、遺体であるという儒教の考えかたです。続きを読みます。「というふうに、過去をいくらでも遡《さかのぼ》ることができる。それは、偶然にも、今日の生物学が述べるような、ＤＮＡ（遺伝子）が個体に乗り換え乗り換えしながら生命の情報を伝えてゆくのと同じ考えである。すなわち子孫一族とは〈生命の連続〉ということである」と。

生物学の研究者たちは割り切っています。我々は体を持っていますが、それは仮の姿にすぎません。要するに、はるか遠い昔から、遺伝子が次々と子孫に乗り換えて生きているだけのことであり、自分の遺伝子がさらに生き残っていくために、次の遺伝子を作るのです。

そうして新しい生命が誕生しましたら、それを生んだ〔親の〕遺伝子は、生物学的に言えばもう用済みとなり死んでもいいことになります。生命論的に言えば、生命というのは、次々と次世代に乗り換えていっているだけのことなのです。

◈儒教は生命の連続を説く

身近にある木々を見てください。成長し次の木が生まれるようになりましたら、後は枯れていっています。それが厳しい生命の原理です。ですから、植物であろうと動物であろうと、生物は遺伝子が次の世代に乗り移り新しい継承者を誕生させた瞬間、それまで乗っていた前のものははっきり言って不要となるのです。

今あるものは、生命を乗り換え、乗り換えしながら、古代からずっと続いてきているものです。その事を基本とした儒教の理論から、子孫が自分の根元である祖先を祭《まつ》り、出会うことが大切にされてきたのです。

そこへ、iPS細胞が出てきました。すなわち、あえて申しますならば、iPS理論という〈生命の連続〉の中でできた理論は、儒教の〈生命の連続〉という理論と偶然にも一致しています。

ですから、私は山中氏との対談で、最先端科学が言っていることと儒教という古い遠い昔の古典学とが、不思議と一致しているというお話をしたのです。

儒教古典の代表作品の一つである『論語』を学び、読むことの背後に、皆さんには、そういう大きな流れがあることを知っていただきたいと思っています。生物学的に生命の連続で繋がっていることを考えれば、親と子との関係の重要性の根本もわかるでしょう。

古代人はそれを感覚でわかっていました。動物の生態を見ると、どれも大体集団を作っています。ライオンもキリンも象も、家族がいます。唯一の例外は猫ぐらいでしょうか。

生物学の研究者が面白いことを言っています。狼や狐が巣を作るとき、穴を深く掘るのですが、彼らは縦に掘ってはいません。安全性から言えば、縦に掘るほうがよさそうですが、横に深く掘るのです。

その理由は、まず赤ちゃんを横に掘った穴の、入り口からもっとも遠いところで産み育てるためです。それが弱い赤ちゃんを護るための最適の方法だからです。

その理由は、生まれた赤ちゃんが、巣の入り口からさしこむ小さな外の光を一生懸命見ようとすることで、目を発達させるためです。もともとしっかりした目を持っているようですが、さらに鍛えて訓練すれば、夜も見えるようになるのです。

それもこれも、動物なりの知恵です。目がよいというのが武器だからです。すなわち、我々の知らないところで生命の安全安心のために、彼らは努力をしているのです。動物も馬鹿ではないなと私は思っています。

なお、山中伸弥氏との対談に続き、論語指導士のいろいろな方々との対談も動画として作っております。今後も対談を継続してゆきますのでぜひ御覧ください。

4

ことばに見えてくる歴史

「はい」は幕末に生まれた新語

◆アジアにおける教訓

後に「幕末」と言われるようになった嘉永六（一八五三）年、アメリカからペリーが来航し、日本に開国を迫りました。江戸幕府はその対応に苦慮したわけですが、アジアではそれ以前からこうした混乱が起こっていました。

その混乱の中から日本に生まれたのが、新しいことば「はい」という返事の仕方でした。江戸時代以前を描いた大河ドラマなどで、「はい」ということばをよく使っていますが、あれは間違いなのです。

それをご説明する前に、アジアの代表、中国を混乱に陥れた事件〈アヘン戦争〉のお話をしておきたいと思います。

今の中国国家ができる前、国を治めていたのは清王朝ですが、その清国で、一八四〇年、アヘン戦争が起こりました。これは、イギリスが清国を侵略した戦争です。

「アヘン戦争」と呼ばれているのは、イギリスが中国にアヘンを持ちこんで売買していたことがきっかけだったからです。

清王朝は、一八一五年にアヘンを厳禁したのですが、なかなか止まらず、清王朝は困り果てていました。そこで、イギリスから持ちこまれた四万箱ものアヘンが半分ほど流通したころ、残りを海に投げ捨てました。

それをイギリスが許さないとばかりに戦争を仕掛け、負けた清国から、香港や九龍半島を租借地として入手し、事実上は奪ってしまったのです。この条約を南京条約といいます。

それはアジアにおいて、最大の事件でしたが、それだけではなく、欧米列強は、インド、ビルマ（ミャンマー）、インドネシア、フィリピンなどを次々と植民地にしていきました。

当然、欧米列強の次の狙いは日本でした。日本がひしひしと欧米の圧力を感じているとき、ペリーが来航したのです。

◆高杉晋作が造った異色兵団

その幕末ごろ、日本では開国派、攘夷派と入り乱れる中、多くの志士たちがそれぞれの思いで活躍しましたが、侍だけではこの国を守りきれないと立ち上がったのが、長州藩の高杉晋作でした。

彼は、自藩の防衛しか考えない侍に頼らず、藩を越えた軍を持たねばならぬという構想から、武士という正規の軍、すなわち「正兵隊」に対して、いろいろな職業の人を集めて「奇兵隊」という軍隊を作ったのです。

そして、高杉晋作は、植民地の実態を知るために自藩すなわち長州藩の船に乗り、上海に渡りました。そこで見たものは、英国人の客がレストランのボーイの尻を蹴飛ばして奴隷扱いをしている光景でした。晋作は、ああ、これが欧米の侵略の実態とわかり、即座に帰国し、奇兵隊を強くする方策を考えました。

実は、上海で、それとは別に、晋作はあることを学んでいます。それは、主人に対するボーイがした返事の仕方でした。なぜならば、奇兵隊には、農民や相撲取りなど、さまざまな職業の人が混在していたのです。そうすると、困ることがありました。

それは、指揮官が命令を下したときの返事の仕方がバラバラだったことです。いろいろな職業だった人たちの奇兵隊ですから、返事のことばはいろいろだったのです。例えば、「ははーッ」「へい」「へいへい」「あいよ」「ヨッシャ」「ウン」などなど。つまり返事に共通語がないことに、晋作は困っていたのです。ところが、上海のレストランでボーイがする返事を見て聴いて、「これはいい!」と思ったことばに出会ったのです。

上海で働くボーイたちのほとんどは広東人です。彼らが使う広東語では、「承知しました」を「ハエ」と言います。実は、この「エ」は「イ」と「エ」の中間の音です。その音が「ハイ」と聞こえた晋作は、返事のことばを「はい」と決めたのです。

また、この奇兵隊が基礎になり、後に、長州藩が中心になって日本の陸軍が作られました。そうすると、陸軍のことばの中でこの「はい」ということばが日本人に共通で使われるようになりました。

やがて軍隊で訓練を受けた者が故郷へ帰ると、「はい」ということばを使います。

こうして、「はい」ということばが全国に広がり共通語になっていったのです。

この話、初めて中国語を学習しますとき、担当講師が学生に興味を起こさせる例話としてよく使われているものです。私もそういう機会で学びました。「本当の話かなぁ」と半分は疑いながら。

日本語は形式を重視

◈茶道での作法

茶道の作法の一つに「お茶碗の拝見」があります（本書160ページ）。お茶を頂戴したときに、お茶碗を膝の前に置いて、どういう作品なのかを矯《た》めつ眇《すが》めつ眺めて「結構なもので……」などと言うことになっています。

しかし、よほどの人でないかぎり、茶碗の良し悪しなどわかりません。ただただ「お茶碗を拝見したときにはこう言います」という形式を学んで、その形式通りに拝見して、あとは決まり文句を言うわけです。

これが、日本人の言語感覚です。言語に限らず、日本文化は形式を非常に重んじる文化です。

例えば、人にものを贈る場合でも、きちんと掛け紙をかけて、その上から包装紙で包みます。こういうことをするのは日本だけです。このように、形式を重んじる風習は、我々の中でずっと積み重なってきています。

◆形式へのこだわり

その根本にあるのは言語です。言語は、人間の考えかたを決めていく大切なものです。我々は日本語の世界で生きてきたので、そこから抜け出すことはできません。ですから、むしろ、抜け出すことよりもその特性を生かすべきでしょう。

例えば、「日本人は何かと重箱の隅をほじくり出すようなことをしている」とか「小細工が多い」などと言われることがあります。しかし、日本人はそれが得意なのです。それを欠点であると否定せず、生かしていけばいいだけのことです。

英語を訳す場合でも、日本語的訳になりますが、日本語の特性を生かすためにはそれも仕方がないことでしょう。私が台湾に留学して、毎日、中国語で日記を書いていたときも、こんな体験をしました。

その日記を或《あ》る中国人の先生に添削してもらっていたのですが、評価はいつも同じでした。私の文章は長すぎてくどいと言うのです。そう言われても、日本人の文章というのはもともとが長いのです。ですから、私が中国語の文章を書くとき、どうしても長く、くどくなります。

そのように、外国語で書いても、母国語の日本語の特徴が出てきました。すなわち日本語的発想で書くので、形は中国語に見えるのですが、中国人が見ると、だらだらと長ったらしく見えたようです。

直していただいた添削後の文を読んで、私は何度も、日本語と中国語との違いを痛感しました。

時には、こんな簡単な書きかたでいいのだろうかと、疑問を感じたことがありました。しかし、相手の母国語は中国語ですから、黙って従うほかありませんでした。要するに、私の書く中国語は、簡潔でなく、日本語的中国語まがいというところだったのでしょう。

中国の「閉会の辞」はただ二文字

◆丁寧な日本語、簡潔な中国語

日本語の挨拶の長いこと長いこと（本書105ページ）。

例えば運動会の終了時です。子どもも先生も疲れ果てているのに、校長の最後の挨拶は長いものと決まっていました。「今日は、みんなよく頑張った！………」という具合です。

しかも、校長の挨拶が終われば、次に同窓会長、そしてPTA会長も出てきます。生徒会長や体育教師も出てくるでしょう。それぞれが長い挨拶をします。長々とやって、やっと当日の会は終わるのです。

ところが、私は台湾に留学してびっくりしました。そういう会が終わったときの最後の挨拶です。挨拶する責任者が、たった一言、「散会（サンホイ）！」と言ってそれでお終いになったからです。

日本人でしたら、それは何か物足りない。失礼じゃないかと思うかもしれません。しかし、中国人にとっては、それでいいのです。ごちゃごちゃと言わないのが中国人の特徴なのです。言語に「てにをは」がないので、テンポも速いわけです。

もちろん、感情を表現する小説ならば、長い文章になることもありますが、論文などの文章は非常に簡潔です。それは、やはり、言語の特性から来ているのであり、この違いは仕方がないことなのです。

少しでも、この違いを埋めるためには、彼らのために日本語を中国語に訳すときは、なるべく簡潔な文章にするように心がけることです。

◆『論語』の日本語訳

『論語』を日本語的に読む場合にも、日本語の特徴がよく出ています。例えば前出の「学びて時に之を習う」の原文には「学而時習之」とあり、「而」字が出てきます。

この字は、本来、あごひげという意味ですが、その意味は消えて接続詞として使われるようになりました。意味としては「そして」という感じです。すると、ここで疑問が起こります。我々の感覚でいうと「学ぶ」「そして」ではなく、「学ぶそして」と連続する呼吸であり、「学」と「而」との間で区切らずに続けます。そこで、「学びて」と読ませるのです。

しかしおそらく孔子は、気持ちの上では、「学」と「而」との間で区切っているのでしょう。けれども、我々が訳すときには、区切らずに続けて訳していくので、原文とは多少ニュアンスの違いがあると感じます。

討論の上手下手

◆否定が文末に来る日本語

　このように、それぞれの国で使われている言語には、それぞれ違う言語的特徴があります。そのことを深く読み取るためには訓練が必要です。そのもっともいい方法は、古典を読むことです。なぜなら、古典は、言わば冷凍された形で残ってきていますので、元来の意味が動かないままです。ですから、かえってその言語の本質によく迫ることが可能なのです。

　そこで、「道 同じからざれば、相《あい》 為《ため》に謀《はか》らず」（本書135ページ）を例にして、違う観点から読んでみたいと思います。

　まず、この原文の「子曰、道不同、不相為謀」を見ると、「不」という否定文字が前に来ていることがわかります。しかし、日本語では、「道同じからざれば」と否定語は後《あと》になります。日本語で否定語が前に来ることはありません。強調するという例外は別として。

これは、中国あるいは欧米の言語と全然違うところです。漢文は始めに否定が来ます。英語でもそうです。始めに否定形が来た後に文章が続きます。

そうすると、始めに否定形が来ていますと、先に相手の言いたいことや結論がよくわかります。その後に続くことばがどういうものか最初にわかるということです。

すると、相手が言いたいことがわかるということで、人は冷静に話を聞くことができます。しかしそれとは逆に、日本語は最後まで聞かないと、話の結論が賛成なのか反対なのか、どちらなのかがわかりません。

◆日本人は議論下手

或る意味、これはとても便利です。会議をしているとき、皆の顔色を窺いながら判断して、最後に「そうではありませんよね」と意見を変えることができるからです。

ですから、日本語はスリリングな言語だと言われています。こういう問題がありますなどと説明をしたとき、最初は問題点を提示するだけなので、その人が、その問題点に対して賛成か反対か、どちらの意見を持っているのかわからないことが多いからです。

日本人の討論は、大体そういう具合になっていて、曖昧な議論しか出てきません。日本人はディスカッション（議論）が下手だとよく言われます。しかし、それは下手なのではなくて、言語がディスカッション向きにできていないからです。

というわけで、やはり、日本人は討論が上手ではありません。日本人同士の討論会ですぐ結論が出ることは少なく、最後に「まあ、いろいろ意見があります」と言ってお終いになることが多いのです。

すなわち、日本人は、こういう例もあれば、ああいう例もあるというふうに、一生懸命資料を出し合うことをする人種であると言えます。

これは、言語の仕組みが、そのように成り立っている関係からくるものです。中国や欧米は先に結論ありきなので、討論がとても得意です。こういう言語の相違が、討論の仕方に関わり、それが、ものの考えかたにも関わってくるのです。

日本人の季節感

◈四季がある日本

なぜ、日本語は曖昧なのか、それはやっぱり気候が関係していると思います。日本では春夏秋冬と気候が変化します。

別の国では、多くの国が、一年中が夏であったり冬であったりと、気候の変化があまりありません。一年中暑い所で暮らしていれば、冬服はいらないので、服装が簡素化していきます。

私は昔、台湾に留学したことがあります。一年中、ほとんど夏のような気候でした。毎日三十度から三十二度が普通で、変化がないのです。日本では春夏秋冬と気候によって大きく寒暖差が生まれて、絶えず変化があります。

そういう変化の多い所では、一つの決めたことだけで生活するわけにはゆきません。中国では、暑いならとても暑い、寒いならとても寒いと、はっきりしています。そのために、中国人が日本に旅行するときには、寒さ暑さあるいは暖かさとも対応できるように、あらゆる準備をしてきます。

日本は、中国とは違い、気候が常に変化するので、変化に対応できるようになっています。日本人にはそういうところがあります。

◆日本人は変化好き

四季が移り変わる日本に暮らす日本人が、その四季の節目《ふしめ》、節目《ふしめ》に要求すること、それは〈新しさ〉です。日本人は新しいことが好きなのです。

学校の制服でも季節の変わり目に夏服や、冬服などの指示があります。暑かったら夏服、寒かったら冬服というのではなく、実態とは無関係に、六月一日から夏服で、十月一日から冬服と決まっています。外国人から見れば奇妙な光景でしょう。

しかし、日本人は、寒くても暑くても決して服装を変えません。これはやはり、日本人が持っている季節感というものです。その根底には、やはり言語の特徴が関係しているのです。

中国人は、季節が一本調子ですから、新しさなど関係なく、変化がないので、新しいことなどに対する関心や感覚はありません。

「道同じからざれば」にしても、私は、「道が同じでないならば」と、わざわざ条件という意味で読みました。しかし、中国はすべての文を完結させて読みます。私が「同じでないならば」と、条件の意味を持たせて勝手に解釈しているだけです。

例えば、「中国の海軍の軍人は水泳ができないから海が怖く、飛びこめない」という話を我々日本人が話すと、「水泳ができないから」という文は飛んで消え、「海軍の軍人は海が怖いから、飛びこめないでしょう」となります。

中国であれば、全部が完結しているので、始めから「海、怖い、飛びこむ、無理、有る」でお終いです。羅列するだけになります。これが、中国のことばの構造になります。一方、日本では、「こうでなければ、ああで」となり、日本語的になります。

それが、日本語と中国語との大きな違いの一つです。

◆トイレの戸を叩く回数

本書155ページにおいてすでにお話ししましたが、ほとんどの日本人は、個室のトイレに入るとき、「コンコン」と二回叩いて、中に先客がいるかどうかを確かめます。

しかし、私の経験では、中国人は大抵、「コンコンコン」と三回叩きます。二回叩くのと三回叩くのとでは、印象ががらりと変わります。三回叩かれると「早く出てください」と催促されたような感じ、二回叩かれるとただの確認に聞こえるのは、私だけではないと思います。

この違いが、日本と中国との違いです。これは、実生活においてもそうです。三回のほうがリズミカルで、そこに民族性が感じられます。すなわち、中国人は実利派なので、現実そのものを表現するのです。

だから、「早く出なさい」という意味で三回ノックするのでしょう。しかし、日本人のような二回叩く場合ですと、「早く出なさい」という感じはなく、「入っていますか?」と、遠慮がちに確認していると感じられるのではないでしょうか。

こうした些細《ささい》な習慣でも、その動作には、いろいろな気持ちが表れていて、民族性が感じられるのです。

　こうした季節感の相違は、幼いときからの体験でしぜんとできあがったものですから、そう簡単には変える、変わることはできません。中国人が、ある意見を述べますと、とことんその立場で主張します。しかし、日本人は、いちおう自分の意見を述べはしますものの、それに徹底する人は少なく、ああでもない、こうでもないという調子の〈話しあい〉を続け、最後は、みんなの意見はこうだから、ということで結論づけることが多いです。自己主張する人は嫌われるからです。

都市の構造の違い

◆「foreigner」の意味

『論語』の文、「朋 遠方自り来たる有り。亦楽しからずや」にある反語的表現は、私が若いころも、よく使っていた表現法でしたが、最近では、そのような漢文調の言いかたは消えつつあります。

英語にしても、例えば「as soon as」ですが、私は「するやいなや」と習いましたが、今は「できるだけ早く」「すぐに」と教えるようです。

明治の人々は、英語をどういう日本語に訳すかを決めていきました。しかし、実際とは違う訳しかたがされた場合も多かったのです。

例えば、「foreigner」ということばです。我々老人を含めて今の若者たちも、その訳を「外国人」と教えられてきています。しかし私の場合、高等学校へ進学してから、英語の先生に、そういう意味とはちょっと違うと言われました。

その先生は、「イギリスの首都ロンドンには城壁があり、その城壁の中に住んでいるのがロンドン市民で、ロンドン市以外の者を〈foreigner〉と言うのだ」と説明しました。

すなわち、日本の場合ですと、日本人は江戸っ子だけしか認めないという感じです。ロンドンの街を一歩出たら、もうそこは外国だという意識なのでしょう。それが広がっていって、結局外国人という意味になったようです。このことばの持っているニュアンスは、どうもそういうことのようです。

◆日本の都市には壁がない

日本がちょっと外国と違うところは、こういう区切りがないことです。中国の場合も、ヨーロッパの場合も、都市はがっちりとした城壁で固めています。

その城壁の中に市民が住んで生活しています。城というのは、我々日本人にとっては、いわゆる天守閣のある、そしてそこを治めている人が住んでいるところというイメージですが、外国ではまったく違うのです。中国では、それは街ということです。

ですから都市そのものを中国語では「城市」と言います。「城郷」と言えば「都市と農村と」という意味です。

もっとも、古代では街といっても立派な街ではなく、周りに土の煉瓦を積み上げて固めた壁で囲まれているところです。怪しげな人間の侵入を防ぐという目的が大きかったのでしょう。

しかし、わが国は、そういう街づくりはありませんでした。ですから日本と中国とでは「城」のイメージが違います。このように、外国のことばには日本人にとってわかりにくいことが多々あります。

そこで知識で補って、こういうものだ、ああいうものだと想像するしかないのですが、実感するのは難しいことです。

例えば、「赤色」と言った場合、我々が思っている「赤色」が果たして全世界共通の色調・色合いなのかどうか、それはわかりません。世界各地域によって、「赤色」に対する感覚が違うからです。外国のことを勉強する場合、もっとも困難なのは、そのあたりのことが原因です。自国と外国とでは、雰囲気が違うからです。

漢字を捨てた現代韓国

◆漢字を知らない韓国人

例えば、「山」という漢字は、日本人でも中国人でもわかりますが、漢字を知らないで育《そだ》った現代の若い韓国人にはなじみがありません。

韓国人は漢字を読んだり書いたりすることが不自由になっています。七十年ぐらい前までは韓国人も漢字を勉強していましたが、今では学校で漢字を教えることが中心でなくなりましたのでわからなくなってきているのです。

ですから漢字を勉強したいと考える韓国人は、自分で勉強しています。私が、大阪大学で中国学を担当していましたころ、受講者に韓国人学生がいたのですが、漢字で自分の住所が書けませんでした。読むことはできても、書くことはできないのです。

百年以上前までの韓国の歴史の記録は、ほぼ全部が漢文で書いてありますので、現代の韓国人が自国の歴史の研究をするのは大変なことになることでしょう。将来、朝鮮半島の前近代の歴史は、中国人か日本人しか研究できなくなるのではないでしょうか。

◆ベトナムや韓国の発音

また、ベトナムも完全に漢字を忘れてしまいました。フランスの植民地だった時代にすべて消されてしまったのです。ですが、元が漢字で書いてある文献は、日本人ならそれを見れば大凡《おおよそ》のことはわかります。例えば、ベトナムの首都「ハノイ」は、漢字で書くと「河内」です。この「河内」は現代中国語の発音では「ホー（河）ネイ（内）」と読みます。「ハノイ」という音に近いですね。

また「カムサ」という韓国語がありますが、それを漢字で書くと「感謝」です。現代中国語の発音では「カン（感）シエ（謝）」。漢字を使って書いてくれれば、日本人にはすぐにわかるのですが。

ところが日本のテレビの韓国語講座を観ると、漢字が出てきません。漢字で教えてくれれば韓国語を勉強する日本人が増えると思いますよ。

中国の食糧難

◆土を大切にしない中国

ことばの問題から少し離れますが、『論語』を生んだ国である中国を知るために、日本と中国との違いを別の観点から述べてみましょう。

まず、花見を始めとして、日本人は木を植えたり、それを愛《め》でたりすることが好きです。また、日本人は土地を守るために、山に植林をします。日本の国土の七割は森林です。これは、植林をした結果広がっていったもので、こういう国は日本だけです。

中国は小麦などを作ってきました。これは土地に致命的なダメージを与えます。土の栄養分が吸い取られていって、連作ができないからです。また、一年中、太陽の光を浴びますため、よほどしっかりと水を与えておきませんと土の水気《みずけ》が失なわれ、作物が十分に育たず、やがて放棄されて荒野となります。中国の北方地域がそれです。

日本ならば、米を毎年連作しても土地は枯れません。なぜなら、水田には山からの養分を含んだ水を使いますので、土に養分が補なわれるからです。

食糧不足に陥っている現代中国は、今から三十年ほど前まで小麦年間三千万トンをアメリカ・カナダ・オーストラリアから輸入していました。一千万トンの小麦とは、一億人の一年間の消費量です。すなわち三億人分の小麦を輸入しなければならなかったということなのです。

現在でも年間に一千万トンの小麦を輸入しています。これを用意するというのはとても大変なことです。中国では古代から現代に至るまで、食糧難が一番の問題なのです。歴代政府は、その食糧のルートを確保することが第一となります。最近、そのルートが南シナ海の諸島で展開されました。中国は南シナ海にある島々を自国と称し、そこに港を作っていますが、港は一つか二つでいいものを、七つも八つも作っています。

おそらく、将来、南シナ海を通る日本の船などに対して、海軍が検査と称して何日もその港に停留させることでしょう。業者は日本に帰って積み荷を渡す期日があるので困ります。しかし、お金（一種の私的調達金）を出さないと出港させてもらえないので業者は焦り、お金を出さざるを得なくなってゆくでしょう。金儲《かねもう》けの関所です。それを全世界の国の船に対して実施して、そのお金で世界中から小麦を買ってゆくこととなるでしょう。

◆中国は海戦ができない

そんな南シナ海の事情から、中国が戦争を始めるなどと言われていますが、私は、中国は海を越えての戦争はしないと思っています。なぜなら、中国海軍の大半の軍人は泳げないからです。日本は学校のプールで水泳を習いますが、中国でプールがあるのは、上海や北京のお金持ちの子が通う学校にだけです。

川はありますが、環境汚染が広がるドブ川ですし、山が少ないので平野での清流はほとんどありません。海岸線も少ないので浜辺で遊ぶ子どもも少ない。

そういう子たちが成長して海軍の軍人になったとしても泳げない。その泳げない海軍の軍人が戦争をするでしょうか。

海が怖いから、戦争はできません。私はそう思っています。戦争というのは、船が何隻あるとか、人員がどれだけいるとかということだけで決まりません。中心は人であり、泳げず海に恐怖心を持っている者たちがその海に挑んでくることは、まずないのです。〈名〉は海軍でも、〈実〉は泳げない水恐怖集団なのです。

このように、人間の在りかたから、物を見なければなりません。例えば、他国の島に攻めあがって制圧するには、その相手の持っている軍事力の三倍の軍事力がいります。日本の自衛隊は二十二万人います。だから、最低でも六十六万人、まずは七十万人はいないと日本を完全に制圧することはできません。これは鉄則です。

現在、中国の軍隊は約三百万人です。三百万人の内の七十万人も日本に出せるのでしょうか。中国軍の最大任務は自国の治安維持です。もし軍の約二十三パーセントを日本に送り出したとしましたら、残りの軍で果たして中国の治安を維持できるのでしょうか。

＊　＊　＊

とうとう最後のページとなりました。始めからここまで、お読みいただいて嬉しく存じます。

『論語』巻頭の文、「学《まな》びて時《つね》に之《これ》を習《なら》う……」に始まり、いろいろとお話ししていますうちに、論語指導士の資格認定の話やら、果ては現代中国の食糧問題や軍事（特に海軍）問題という話へと広がってゆき、ここに至りました。すなわち、『論語』という古典に始まり、現代の最新の課題へと繫《つな》がっていっているわけです。『論語』が堂々と古典から現代へと繫いでいってくれると言ってもいいでしょう。そのことを『論語』自身がすでにこう述べています。

『論語』為政《いせい》篇に曰く、故《ふる》き（古人の書物）を温《あたた》めて（習熟して）、新しき（現代に応用できるもの）を知る、と。

この「温故知新《おんこちしん》」ということばに続けて、こう述べています。「以《もっ》て（そのことによって）師《し》（指導者）為《た》る可《べ》し」と。すなわち論語指導士の道にも繫がることを述べているではありませんか。

どうか生涯の座右の書として『論語』をお読み続けいただけますように。

附篇　鬼誅《きちゅう》か鬼滅《きめつ》か――東北アジアの死生観

生か死か――これは人間にとって大問題です。遠い遠いその昔、一万年も二万年も前と言っていいでしょう、人間は言語を使って自分の考えや感じたことを言うことができ、それを理解した相手が、そのことについて自分の意見や感想を述べ、会話が成り立っていました。犬や猫という身近な動物を見ていましても、ケンカはしますが、穏やかに会話をしている様子はありません。

この〈会話の成り立つ言語〉を武器にして、人間は歴史を創り、その上に文化・文明を作ってきました。そして他の動物と決定的に異なるテーマを抱き、それについて真剣に議論してきました。

その最大テーマは、〈死〉です。人間以外の動物は、他の動物に襲われ死に直面すると闘うか必死に逃れようとします。しかし、その危険が去りますと、すぐ日常生活にもどります。

もし殺されたとしましても、それは、その殺された者の不運にすぎず、遺体をどうするかという話にはなりません。すべて野垂れ死にです。もっとも、自然死の場合、みずから一定の死に場所にゆく野生動物もいるようですが。

しかし人間は違います。死に対して共通言語を使ってさまざまな解釈を与えてきました。世界各地においてそういうことが起こっていました。そして何万年、何千年と過ぎてゆくうちに、死に対して納得のゆく解釈が各地において定着してゆきました。

その解釈が人々の気持ちを納得させることができましたとき、その解釈を多くの人々が支持してその考えに従うようになりました。そのようにして生まれた〈死の説明者〉、それが宗教です。

浅学非才でありますが、私は、宗教をこう定義しております。「宗教とは、死および死後の説明者である」と。

そして現代にまで生き残った宗教は三種と断じております。その三種とはこうです。①中近東を原点とするユダヤ教・キリスト教・イスラム教という一神教、②インドの宗教、③儒教、です。これらは、どのように死を説明したか。
①は、神を信ずる者は、死後、その神の在《いま》す天国に召され、神とともに永遠にそこに居ることを許される、と。②は、解脱して仏となるのが最高だが、そう簡単に解脱できないので、解脱できるまでは、下位の六道《りくどう》（六つの世界）の中を経回《へめぐ》る。このめぐることを輪廻という。そこで、生前の在りかたによって、六つの世界というランキングのどこかへ行き先を定められ、そこへ行く。そして解脱できるまで転生し続ける。しかし、努力してゆけば、いつの日か解脱でき、極楽に召されるとします。
この①・②の宗教は、現世では簡単に幸せな世界（天国や極楽）に行けませんが、死後に行ける可能性があるとし、人々の心を射止《いと》めたのです。上記しましたような説明で恐ろしい死の恐怖を除いたのです。

さて、我々日本人はどういう宗教に影響を受けたかと言いますと、③の儒教なのです。

儒教は、死をこう説明しました。「子は親の遺体である」と。「遺体」は儒教のことばで「遺《のこ》した体《からだ》」という意味です。すなわち、死はいつの日か訪れてきますが、もし子どもがいましたら、己れの生命（精神）そして生命体（肉体）は、子へ移っていますから、己れが死を迎えたとしましても、己れの精神・肉体は子に移っているので安心とするのです。たとい死を迎えたとしても、己れは子の形で生き残っている、という考えかたです。

本書198ページの、山中伸弥氏と私との生命についての対談は、ここにつながっています。

では、子がいない人はどうなるのか、あるいは結婚しなかった人はどうなるのか、という問題がありますが、それはどうなるのでしょうか。

儒教は、その答をちゃんと準備しています。すなわち、儒教の一族主義（家族主義）という在りかたです。

一族主義では、自分の親は、実父・実母の二人だけではないのです。父の同世代、母の同世代の人々（子から見れば伯父や叔母など）は、親族に当たりますが、その人々（相当に多い人々ですが）は、父族・母族に相当し、一族主義を構成するわけです。すなわち、父と同世代の男性は父族、同じように女性は母族となるわけです。ですから、例えば遠くで独り淋しく生活している女性（戸籍上では叔母）は、母族に属しますので、母に対するのと同様の気持ちで温かく接するというわけです。

その逆があります。子がいなくても、自分から見ての甥《おい》や姪《めい》は、それぞれ自分にとっての子族であり、男の子、女の子なのです。そのような気持ちで接するのが、一族主義なのです。

遠くは唐の時代（日本では平安時代）に、韓愈《かんゆ》というすぐれた人物がいました。或る甥を愛していました。すぐれた人材であったようです。韓愈は愛していたのですが、その甥は病没しました。

その喪儀において、韓愈は「十二郎を祭る文」（子族の中の十二番日に生まれた男子）という、亡き人への弔辞を草していますが、心の籠った名文です。己れの実子としての気持ちが溢れています。

これが一族主義から生まれた死生観であり、東北アジアの人々の心の在りかただったのです。儒教の宗教性がそこにあります。それは、中近東の一神教（キリスト教などど）やインドの諸宗教が、死後の天国や極楽を信ずることによって死の不安を解消していったのと同じく、儒教は己れの生命は、子へ孫へ、さらにはその次へと連続してゆくという〈生命の連続〉の中で、生き続けると説き、死への不安を取り除いていた宗教なのです。

儒教は、人間の生きて有るときの、有るべき有りかた、すなわち道徳を説くものとする儒教観は、残り半分が不足しています。その残り半分とは、儒教の宗教性であり、いまお話ししました〈死の説明〉です。

さて次は、その儒教——と言うよりも、東北アジアの人々は、死は死ですから、具体的には、どのように考えていたのでしょうか。

＊　＊　＊

中国における大前提はこうです。人は明るい〈顕明《けんめい》〉の世界において、法や道徳などいろいろな約束の下で生きています。

しかし、必ず死にます。そして死者はすべて鬼《き》となり、暗い〈幽間《ゆうかん》〉の世界に入り、その世界における約束に従って生活をすることになります。この幽間は、日本では黄泉《よみ》の国。

すなわち、本来、鬼は死者のことであって、悪者ではないのです。しかし、悲しいかな、死後において悪事を働く者が出てきます。

どうするか。そういう悪人は、生のときは、所属している一族の族譜《ぞくふ》（系図）からその悪者の名を削り、抹消してしまいます。となると、いざ就職しようと思っても、一族の誰一人として保証人となってくれません。すると、まともなところへ就職ができず、やむをえず、裏社会に落ちるか、物乞い生活かということになります。

さらに恐ろしいことが待っています。死を迎えても一族の墓地に入《はい》ることを許されません。そこでやむをえず、墓のない幽鬼となってしまう。それが幽霊・亡霊です。彼らは幽間の世界においても居場所がなく、悪鬼となります。また、かつて生の世界においてまともであっても、死の世界に入った後、もし悪業をなせば悪鬼となり、罰せられます。

『荘子《そうじ》』庚桑楚《こうそうそ》（人名）篇はこう述べています。「顯明の中に〔おいて〕不善を為《な》す者は、〔その悪〕人〔をまともな人々が〕得て之《これ》を誅《ちゅう》す。幽間の中に〔おいて〕不善を為す者は、〔その悪〕鬼〔をまともな鬼たちが〕得て之を誅す」と。「誅」とはその罪により死刑にすること。

ここから「鬼誅《きちゆう》」ということばが生まれました。「鬼滅」ではありません。すなわち鬼の世界の人々が、悪鬼を誅するのです。

生の世界（人）でも死の世界（鬼）でも、悪者《わるもの》は必ずいるのでそれぞれ死罰を与えねばならないということなのです。

それが東北アジア（日本を含む）の死生観の根底にあります。

しかし、『鬼滅の刃』という漫画の作者は「鬼」を始めから「悪鬼」と見なしているようであり、それはおかしい。「鬼誅」は「鬼（死）の世界において、鬼が悪鬼を誅する」ということなのですから。

死は人間にとって最大の恐怖です。現世においてすでに悪人であった者は、死後、入る墓がなく、幽鬼として永遠に彷徨《さまよ》うほかありません。まして、正常な人が、死後、鬼の世界において悪業をなし、処罰を受けて幽鬼となるなどうんざりです。

この死生理論は、まず、生きている人に対して、その行動への強力な抑止力となっており、一族への忠誠が揺るがない在りかたであることを示しています。もっとも現代日本では、今やその一族自体が個人主義化（実は利己主義化）の中で解体しつつあります。

＊　＊　＊

さてそれでは、生と死との間は、どのように繋《つな》がっているのでしょうか。

儒教（おそらくは古代中国人の一般意識）では、こう考えていました。人間が生きているとき、精神面を動かす元《もと》となっているものを「魂《こん》」、肉体面を動かす元となっているものを「魄《はく》」としました。生きているときは、この魂魄《こんぱく》が一致協力して機能しています。しかし、死後は両者が分裂し、魂は天上へ、魄は地下へと行きます。そこで、ある儀式を行いますと、魂は天上から魄は地下からもどってきて、合体しますと、死の世界から生の世界へと復帰することができます。その合体をするためには、お供え物を十分にし、きちんと儀式を行います。

では、どこへ帰ってくるのでしょうか。

死者に対しては、頭蓋骨《ずがいこつ》を残し、他の骨は土葬します。この頭蓋骨は廟《びょう》（祖先を祭る建物）に納めておき、必要なとき（例えば命日）にその死者の頭蓋骨を取り出し、その死者の縁者（孫の場合が多い）が頭に被《かぶ》りつけます。いわゆる依代《よりしろ》（憑代《よりしろ》）です。その様子を表した漢字が「」です。「」は頭蓋骨、「ル」は足。やがて儀式が始まり、霊（魂・魄両者）がこの世にもどり、依代に憑《と》りつく、依りつく、のりうつります。依代は狂乱状態となります。その姿が「」です。それは、あの世（死）から、この世（生）にもどってきたということです。このようにして霊と生者とが再会し、やがて霊はまた死の世界すなわち鬼の世界に帰ってゆきます。

この「」が「鬼」字に、「」が「異」字になります。現在では「異」字が使われていますが、元の漢字の形は、古代の儀式のときの手が激しく動いている狂乱状態の姿がよく描かれていますね。

しかし、頭蓋骨は管理も大変だったからでしょうか、墓に埋め、その代わりとなるものを木で作りました。木製で台に板を差しこんだ形です。、こういう形です。最上部は「」あるいは「」となっており頭蓋骨のイメージ。「」は、足。す

なわちこれは、いわゆる位牌です。儒教では木主《ぼくしゅ》・神主《しんしゅ》と言いますが、それが仏教に入り位牌となりました。

こうして、亡き人との出会いを木主を通じて行う儀式が、儒教にとって重要な儀式となったのです。この木主や墓という死者とのつながりは根強く残ってゆきます。もちろん日本でもそうです。

ですから、インドから中国へ仏教が渡ってきましても、この儒教的死者儀礼を切り捨てることができず、中国仏教・日本仏教は、インド仏教の輪廻転生観と同時に儒教の死者儀礼を受け入れざるをえなかったのです。

そのため、例えば日本仏教は、輪廻転生を説くと同時に儒教的死生観をも受け入れるという矛盾を抱《かか》えつつ、今日に至っております。

それでいいのです。我々は日本人なのですから、矛盾を抱えて平気です。大切なことは、この世で生きる気構え、心構えなのですから。

日本では、鬼と言えばあの世から来た悪いやつ、怖いやつ、という理解が普通です。ですから鬼退治となります。

＊　＊　＊

しかしそれは浅い理解です。鬼自体は死者のことなのですから。ただし、鬼の世界において悪いことをする者は処罰され殺され悪鬼となります。また、現世で悪事を働いた者も同様です。

すなわち、鬼（死者）には、善鬼と悪鬼とがいるということなのです。我々人間は、いずれ死を迎え、鬼となりますが、善鬼でありたいと思います。善鬼でありましたならば、死後にもいいことがあるからです。

もう一つ、付け加えましょう。『鬼滅の刃』の「鬼滅」ですが、この句だけですと「鬼を滅する」という意味になりません。しかし、先ほど引用しました『荘子』の句の内容に依りますと、「鬼誅」は「鬼（善鬼）が悪鬼を誅する」ということですから、その意味に従い、「鬼が悪鬼を滅す」という意味であれば問題はありません。それは東北アジアの死生観に基づいているからです。すなわち、そういう意味での「鬼滅」となります。

しかし、『鬼滅の刃』の作者は、どうやら東北アジアの死生観がわかっていなかったようです。もし東北アジアの死生観に従いますならば、「鬼滅の刃」ではなくて、「滅鬼（悪鬼）の刃」となるでしょう。すなわち「〔善鬼が悪〕鬼を滅する刃」です。元来は、「鬼誅」すなわち「〔善〕鬼が〔悪鬼を〕誅する刃」なのですから。

こうした誤解を生んだ原因は、〈鬼〉の意味の誤った解釈にあります。人間は死ねばすべて鬼となるとするのが東北アジアの死生観です。その鬼の中には、生きている現世の場合と同じく善鬼（善人）もおれば悪鬼（悪人）もいるということなのです。安心していつの日か死を迎えましょう。

この世でまともな人生を送った人が死を迎えた場合、儒教では、子孫に守られて〈鬼〉の世界で静かに永遠に過すことができますよ。

あとがき

神戸に二求《にぐ》塾という学校がある。その設立目的は、不登校児童や生徒の社会復帰への支援である。以前は師友塾という校名であったが、組織改革後、二求塾と改名した。中心は、大越俊夫氏。その昔、神戸で中学生が小学生を惨殺した事件があった。いわゆる酒鬼薔薇聖斗《さかきばらせいと》事件である。その事件後、井戸敏三兵庫県知事が「人間を考える会」という勉強会を公的に主催され、御本人もずっと出席された。知事として立派である。その会のメンバーとして老生も参加したが、同じく参加しておられた方が大越氏であった。以来、親しくなり、現在、塾生、かつての塾生で今は社会人や大学生となっている人、そして同塾生の関係者（大半は母堂）に対して、社会貢献として老生が講義をし、時には参加者を広げての講演を担当して今日に至っている。

その際の諸記録が、同塾の機関紙『パーセー』に連載されてきた。その連載の一部に基づいて再構成したものが本書であり、その諸講義の際に使ってきたテキストは、拙著の『論語のこころ』（講談社学術文庫）である。なお、拙著『論語　増補版』が同文庫にある。同書は、内容の検索に便利な詳しい索引を付けているのでいろいろと利用しやすい。

本書刊行に至るまで、諸努力された方は、幻冬舎の常務取締役の福島広司氏、ならびに大越氏を始めとする二求塾の方々である。ここに記して、深く感謝申しあげる。

令和三年四月十日

孤剣樓　加地伸行

装丁　石川直美（カメガイ　デザイン　オフィス）
DTP　美創

〈著者プロフィール〉
加地伸行（かじ・のぶゆき）
昭和11年生。京都大学文学部卒業。中国哲学専攻。文学博士。高野山大学助教授、名古屋大学助教授、大阪大学教授、同志社大学フェロー、立命館大学教授を歴任。現在、大阪大学名誉教授。『中国論理学史研究』『日本思想史研究』『孝研究』『中国学の散歩道』（研文出版）、『儒教とは何か』『「論語」再説』『「史記」再説』『大人のための儒教塾』（中央公論新社）、『沈黙の宗教－儒教』『中国人の論理学』（筑摩書房）、『論語　増補版』『孝経　全訳注』『論語のこころ』『漢文法基礎』（講談社）、『論語』『孔子』『中国古典の言葉』（KADOKAWA）、『マスコミ偽善者列伝』〔正・続〕（飛鳥新社）、『令和の「論語と算盤」』（産経新聞出版）など著書多数。

論語入門
心の安らぎに

2021年6月15日　第1刷発行

著　者　加地伸行
発行人　見城 徹
編集人　福島広司
編集者　鈴木恵美

GENTOSHA

発行所　株式会社 幻冬舎
〒151-0051　東京都渋谷区千駄ヶ谷4-9-7
電話　03(5411)6211(編集)
03(5411)6222(営業)
振替　00120-8-767643
印刷・製本所　中央精版印刷株式会社

検印廃止

ISBN978-4-344-03692-5　C0095
幻冬舎ホームページアドレス　https://www.gentosha.co.jp/

この本に関するご意見・ご感想をメールでお寄せいただく場合は、
comment@gentosha.co.jpまで。